O Despertar: Como Transformar as Trevas em Luz e Ascender às Dimensões Superiores da Existência

Dan Desmarques

Published by 22 Lions Publishing, 2020.

Sumário

Direitos Autorais..1

Introdução..3

Capítulo 1 - A Alquimia da Luz...5

Capítulo 2 - As Formas Secretas da Luz..9

Capítulo 3 - Como a Luz Penetra no Artista...13

Capítulo 4 - Os Padrões no Reino da Magia...15

Capítulo 5 - O Mago Superior...19

Capítulo 6 - Aqueles Que Podem Ver a Verdadeira Luz.............................23

Capítulo 7 - As Trevas no Caminho da Luz..27

Capítulo 8 - A importância do Amor na Luz..31

Capítulo 9 - Como o Amor Move a Humanidade..33

Capítulo 10 - A Extensão da Vida...37

Capítulo 11 - O Livro da Verdade...41

Capítulo 12 - Como o Orgulho Ilusório Corrompe a Alma........................45

Capítulo 13 - Os Chifres de Satanás..49

Capítulo 14 - A Estrutura do Indivíduo Ascensionado................................53

Capítulo 15 - Sacrifícios do Estado de Espírito Superior.............................57

Capítulo 16 - O Despertar Forçado...61

Capítulo 17 - Por Que a Educação é uma Ilusão..63

Capítulo 18 - A Ascensão Através do Sofrimento..67

Capítulo 19 - As Crenças por Trás do Sofrimento Humano......................71

Capítulo 20 - Por Que Muitos Não Podem Mudar e Evoluir. 75

Capítulo 21 - Os Padrões Mentais do Fracasso. 77

Capítulo 22 - Os Mortos de Espírito. 79

Capítulo 23 - Os Humanos Despertos. 83

Capítulo 24 - A Importância da Fé. 85

Capítulo 25 - Autoconsciência e Autodesenvolvimento. 89

Capítulo 26 - A Correlação Entre Crenças e Carma. 93

Capítulo 27 - As Consequências da Ignorância. 97

Pedido de Revisão. 101

Direitos Autorais.

O Despertar: Como Transformar as Trevas em Luz e Ascender às Dimensões Superiores da Existência

Por Dan Desmarques

Copyright © Dan Desmarques, 2020 (1ª Edição). Todos os Direitos Reservados.

Introdução.

Por milhares de anos, desde as civilizações mais antigas do Egito e da Índia, até os últimos séculos de estudos sobre alquimia, muitos tentaram descrever as transições da matéria para os reinos de seres superiores.

Essa transmissão de conhecimento, conhecida como os segredos para a ascensão ao mundo dos deuses, foi posteriormente convertida por outras religiões como um dogma, uma crença, no céu, como um estado separado do da Terra.

No entanto, o propósito desses ensinamentos era educar as massas nos passos do espírito em direção à sua própria purificação, a fim de converter o que está acima através daquilo que está abaixo.

Concluiu-se que esta transmutação dum mundo inteiro só é possível quando nós, os habitantes de tal mundo, transcendemos nossa forma humana.

Em outras palavras, trazemos o céu para a terra quando nós, os seres terrestres, nos convertemos em seres celestiais.

Isso é feito por meio da transformação da mente e da estrutura do espírito, que deve ser guiada pelos valores e conceitos corretos, em uma compreensão de nossa correlação com o mundo físico. Pois a alma e a personalidade, como o espírito, devem se tornar um só.

Agora, se o mundo do espírito se tornar invisível para a mente, de fato, a mente perceberá esse mundo como um céu, dissociado do mundo físico da Terra.

É apenas quando alguém une os dois, expandindo sua consciência das leis dos mundos físico e espiritual, que é capaz de ascender ainda na forma física.

Este processo é conhecido em alguns círculos como alquimia, mas a alquimia por si só, como um estudo, torna-se nada mais que teoria, se não for aplicada às moléculas e átomos de nosso corpo.

Este processo ou ritual, é chamado de integração duma centelha no fogo, a fusão do coração do humano com o coração de Deus, a simbiose de consciências, daquele dominado por seu ego naquele que engloba toda a vida.

É esse conhecimento antigo e secreto que este livro se propõe a abraçar e compartilhar, ao mesmo tempo que descreve exatamente como essa Luz pode ser compreendida e aplicada, como uma extensão da Vontade do Divino.

Capítulo 1 - A Alquimia da Luz.

Tudo o que é sólido deve se converter em poeira, vapor e finalmente, ar, pois o que é ar permeia todo o espaço, e o espaço é tudo o que é e sempre foi.

O espaço é o elemento a partir do qual os sonhos e imaginação compõem a realidade.

O espaço é o que une todos os que estão separados, até mesmo por ódio e preconceito.

O espaço engloba amor e união, e é o caminho pelo qual a unificação das almas, das mais semelhantes às mais divergentes, converge todas numa só verdade.

Como tal, o espaço deve se expandir, e o faz naturalmente como uma forma de consciência, pois o que é espaço ocupa tudo o que vive na Terra.

O espaço é vida e a vida vem do espaço.

Podemos então ver que o espaço e o ar não estão dissociados no processo de expansão, ou despertar, sendo que ambos são termos que compreendem a aplicação da natureza da Luz.

A luz que é forte, abrange o mais vasto dos territórios, e esses territórios abrangem a matéria visível.

A partir dessa matéria visível, o espaço encontra uma maneira de canalizar o Divino e a vontade desse Divino.

É no espaço que realizamos nossos desejos mais profundos.

Do espaço da solidão, perda, morte e arrependimento, ou decepção, frustração e vazio, tudo o que é possível pode ser criado. E aquilo que é criado surge do espaço interior, manifestado através da ausência do ego, a sensação de 'eu sou'. Pois você é qualquer coisa que sua mente criativa permite.

É a sua consciência do espaço que torna o processo criativo um momento infinito de possibilidades.

DAN DESMARQUES

Quem mais perde é quem mais sacrifica porque vai trazer do espaço a grandeza que é.

Ele ou ela está então numa proporção direta de possibilidades face a suas perdas. Pois a maior transmutação alquímica exige também a maior perda.

Dito isso, aquele que tudo sacrifica para obter qualquer coisa, emergindo do vácuo de sua alma, encontrará a Luz Divina dentro de si.

Podemos ver, do fundo do inferno que permeia nosso ser, que o que é visível, se tornou visível pela Luz, e quanto mais forte a Luz mais coisas se tornam visíveis aos olhos.

No entanto, essa luz emerge da escuridão de nosso próprio ser. E os olhos não podem ver o que o ser ainda não decidiu aceitar para si.

Aqueles que esperam o que é visto, não verão nada. Pois eles próprios são cegos, vivem de expectativas, duma compreensão passiva do mundo físico que absorve sua alma e consome seus desejos.

Eles esperam encontrar felicidade e fortuna a partir do resultado final da Luz - os reflexos dessa Luz. E é como se estivessem procurando os dons da Luz enquanto a ocultam com a escuridão de seu ego.

Aqueles que não podem ver a escuridão dentro de si nunca verão a luz radiante também fora de si.

Sua cegueira é formada de engano, criada pela escuridão de sua alma.

Eles então procuram a luz em outros, naqueles que viram as trevas, mas porque não podem ver as trevas dentro de si, são incapazes de ver que estão cegos.

São enganados por seus próprios olhos, porque seus olhos não estão realmente abertos.

Eles não encontraram a escuridão dentro de si antes de poderem ver a Luz que tal escuridão esconde.

O DESPERTAR: COMO TRANSFORMAR AS TREVAS EM LUZ E ASCENDER ÀS DIMENSÕES SUPERIORES DA EXISTÊNCIA

Eles não fizeram os sacrifícios necessários e não colocaram seu ego para arder no fogo do desejo pela Vontade de Deus.

Tudo o que podem compreender foi dado a eles, por aqueles que são luz e se fizeram como Luz através das trevas. Pois esses indivíduos queimaram seu ego no sofrimento de sua alma que teve que passar por engano, traição e abandono.

Eles foram os escolhidos, mas por escolha própria. Pois espelho e espelhado são um só.

Muitas vezes, esse fogo é produzido por aqueles que amamos, mas que são cegos demais para nos amar de volta.

Sua alma é refém dos enganos da falsa luz - aparências, reputação, reconhecimento social -, e também seus líderes, seus acadêmicos, e seus filósofos.

Capítulo 2 - As Formas Secretas da Luz.

Aqueles que controlam os domínios da arte são feiticeiros desta realidade, pois comandam a Luz dos reinos daquilo que é invisível para muitos, cegos em suas próprias formas e adormecidos em seus espíritos.

No entanto, porque muitos não podem perceber esta Luz, Ela tem que ser mostrada através da força bruta da arte quando manifestada em sua forma física.

Essa brutalidade, embora não seja sentida por estes como uma violência, integra o nível de percepções, que também são brutas.

Eles veem apenas o que seus olhos permitem e sentem apenas o que seu corpo permite que sintam.

Chamá-los de estúpidos seria superestimar sua condição, pois ainda não estão cientes dos limites de sua mente.

Sua mente foi limitada pela extensão de seu espírito. E se seu espírito está adormecido, sua mente é tão boa quanto a mente de qualquer pessoa que possa ser disciplinada.

Abaixo do nível de disciplina, ou autodisciplina, temos escravidão. E essa é condição de muitos que não podem nem mesmo ver as correntes em torno de suas crenças e dogmas, tornados reais por seu medo da rejeição e da separação do rebanho em que se consideram reais.

Para muitos não estar integrado numa tribo significa não existir. E este é precisamente o ponto de partida para o processo espiritual do ser.

Aquele que é discriminado, encontrou para si uma oportunidade de se libertar do mundo mundano, não pela morte física, mas pela morte mental - uma morte de conceituações e acordos passados.

Esse processo é agilizado por meio da devoção ao processo de criação, conforme demonstrado na arte.

Aquele que então escraviza seu corpo na criação da arte, através da fusão de sua alma com o processo estético, libera a Luz de dentro para queimar seu ego e revelar a verdade ao mundo.

Trocou um mestre por outro, mas ao se recusar a ser enganado por seu próprio ego, encontrou o Mestre que pode libertá-lo da grande mentira que o cerca e penetra em seu intelecto.

Ele é ou pelo menos pode ser um mensageiro e um profeta.

Chamamos essa forma de expressão de bruta apenas porque em sua forma mais sublime é sempre abstrata.

A música então flui da batida para os sussurros de uma flauta, enquanto a pintura se transforma da tinta em sombras de cores diferentes, e a escrita do pragmatismo às emoções.

Em sua forma mais sublime, a música não pode ser ouvida, a pintura não pode ser vista e as palavras não podem ser lidas.

Qual é então o estado de quem não percebe a arte?

Eles são seres de pedra - mortos sem saber que morreram.

Tal é o estado de quem não consegue perceber sua resistência à luz; uma resistência naturalmente feita por seus pecados e ignorância do passado.

O ateísmo é, neste sentido, um suicídio para aqueles que aspiram a um maior estado de vida. E não é por acaso que tantos ateus contemplam a morte de seu corpo, pois aquilo que não é abençoado por nenhum lampejo de consciência já está morto como um cadáver podre.

Por outro lado, e entre os dois mundos, aqueles que conseguem esta transmutação alquímica, devem ser capazes de comunicar o ofício de tal forma que não seja necessário compreender, mas apenas um olhar, para que a assimilação seja completa.

São como uma medusa, exceto que não transformam humanos de força viva em pedra, mas de pedra em força viva.

O DESPERTAR: COMO TRANSFORMAR AS TREVAS EM LUZ E ASCENDER ÀS DIMENSÕES SUPERIORES DA EXISTÊNCIA

Trazem os mortos-vivos à vida pelo toque da magia, uma magia que é eternamente assimilada por seu ofício.

Esta magia exerce seu poder para sempre, em todos os tempos, momentos, e em todos os locais do espaço.

A verdade que se manifesta em uma realidade também pode se manifestar em outra. E assim, a verdadeira arte é imortal em sua forma. Transcende o artista e o torna imortal.

É por isso que podemos cruzar dimensões para trazer os presentes de tais dimensões, tesouros e artefatos, que transpõem vibrações através de nossa mente.

Podemos então dizer que aquilo que podemos imaginar pode ser concebido?

Não! Pois aquilo que imaginamos já foi criado.

Aquilo que se imagina mais facilmente, já existe, no futuro, ou em outra dimensão.

Podemos então perguntar o que é imaginação. E a resposta é simples: um portal para outros mundos.

Como podemos então imaginar o que já existe?

Ao permitir a Vontade Divina em nossa vida, em que a oração encontra seu feitiço mais básico, e as leis do universo guiam para o mais Alto Poder e a mais forte influência - A Fonte de qualquer luz.

Capítulo 3 - Como a Luz Penetra no Artista.

Quando você pensa globalmente, quando seu desejo se funde com as necessidades de muitos, quando a ambição é alimentada por um forte desejo de inspirar, ajudar e transformar o mundo, a Luz Divina é chamada para você, para torná-lo servo.

É quando tudo o que você imagina é bom, puro e canalizado por uma energia tremenda, uma energia que converte os seres de pedra, brutalizados pela ignorância, em seres de luz, vida e beleza.

- O pintor que inspira por compaixão eleva aquele que observa sua pintura a ver significados mais profundos na vida;

- O músico que cativa a imaginação de seus ouvintes, eleva-os a uma nova forma de sentir os significados da vida;

- O escritor que reorganiza a mente dos leitores para perceber a realidade de uma forma mais complexa, eleva o potencial destes para fazer mais e ser mais.

Todos eles são profetas do Divino. Pois controlam o fluxo de energia no qual o Divino aplica sua magia no mundo físico, tornando o impossível possível e o imprevisível manifesto.

Aquele que é servo do Arquiteto Mestre, não apenas domina o ofício da Luz, mas é um agente dessa mesma Luz no mundo.

Ele é o mago por meio do qual o Grande Mago aplica Sua magia.

Nenhum livro sagrado pode fazer melhor. Pois os livros são meramente veículos para a estética, e a estética é simplesmente o meio pelo qual o Divino se manifesta.

Quando esta estética é filtrada pela mente do tradutor ou do intérprete, que não é ele próprio elevado o suficiente para compreendê-la, é mal utilizada ou simplesmente destruída.

Nenhuma grande luz pode ser adequadamente canalizada por uma luz menor.

Aqueles que abusam, interpretam erroneamente ou destroem o significado da Grande Luz, conduzem a humanidade para níveis inferiores, por meio do uso dessa mesma luz.

Eles são luciferianos como aqueles que pela luz descem ao inferno. Pois a luz deve elevar e não diminuir os seres da Terra.

Nem toda luz é pura. E muitos, muitos mesmo, vestem roupas piedosas para transmitir veneno às massas e escravizar seu espírito em um estado mais profundo de ignorância, uma escuridão mais escura.

Isso só é possível pelo estado de ignorância dessas mesmas massas.

Devemos então cultivar a habilidade para discernir escuridão da luz, e sombra da Grande Luz da sombra da luz menor, se quisermos descobrir os caminhos que, através de diferentes gradientes de sombra, nos guiam das luzes menores para a Luz Sagrada.

Diferentes profetas da Grande Luz podem possuir diferentes gradientes dessa mesma Luz, e ainda assim guiar em direção a essa Luz.

Porém, nenhum profeta das trevas pode usar a luz para iluminar os outros, mas apenas para enganá-los, e através do mesmo processo que um farol guia um barco, guiá-los contra as pedras de decisões estúpidas.

Capítulo 4 - Os Padrões no Reino da Magia.

Poderíamos dizer que a arte é o meio pelo qual se conquista almas para o Reino da Luz?

Certamente a resposta é sim.

O maior mágico de todos é o artista em sua forma mais pura. Pois traz a luz adormecida nas trevas de sua alma para invocar a influência divina em seu propósito, e para o aprimoramento das transmutações alquímicas do mundo.

Negar isso seria supor que os humanos têm o poder de transitar por conta própria para um nível melhor de vida.

Isso não é possível sem os meios pelos quais a arte ocupa sua posição numa arquitetura alquímica de processos de pensamento e estruturas ligadas ao infinito.

Os humanos podem ter livre arbítrio, mas não a sabedoria para fazer isso. E essa sabedoria nunca é autoproduzida, mas divinamente atribuída e de acordo com valores acumulados por meio das ações.

Assumir arrogantemente que a sabedoria pode ser autoproduzida, é ignorar a estrutura da vida e da natureza, e ignorar as leis do cosmos imerso nas estruturas da vida.

Podemos, portanto, focar nas estruturas sem uma interferência Divina, mas isso seria como tentar consumir matéria sem magia, encontrar a morte no corpo ou pensar com as mãos.

Todo e qualquer elemento assume sua posição no processo.

Quando alguém é arrogante, ele se faz de tolo, pois está ignorando sua inutilidade na matemática da vida.

Nos tornamos úteis apenas pela aplicação dos elementos que não são atribuídos pela própria vida. E, nesse sentido, o mágico é superior a qualquer outro humano.

DAN DESMARQUES

Nenhum ser humano pode fazer muito por si mesmo, e muito menos estender sua influência ao mundo apenas pelo impulso de sua vontade. Mas ninguém pode encontrar o apoio de outros sem a arte da magia, em que a comunicação guiada por sonhos comuns é sua forma mais pura de aplicação.

Para se tornar tal mágico, você deve aprender a pensar como um músico, um pintor e um escritor, e a ver o fluxo da vida em todas as formas, vivas e não vivas.

Você deve entender a correlação das formas, como um biólogo, um matemático ou numerólogo. E deve invocar para si a Luz Divina, por meio do pensamento conectado com a imaginação.

A imaginação apenas não é necessária se não for guiada pela energia emocional produzida no coração.

Deve ver com seu terceiro olho o que não é real, pela criação de seus próprios desejos, muitos dos quais terão um forte impulso sexual e egoísta. Pois as estruturas inferiores de energia sempre se manifestam quando desejamos transformar o que existe de mais elevado dentro de nós e por meio de nosso coração.

Encontramos esta situação representada por nossos relacionamentos e seus dramas. Mas o drama por si só nada mais é do que uma representação do nosso ego na batalha pela aplicação da vontade egoísta.

É quando alguém entende seu papel na dança alquímica da vida, que entende a razão pela qual o amor próprio e a compaixão são guiados pelas mesmas medidas. Pois um ser não pode ser ele mesmo se não permitir que outro seja como ele ou ela é.

Então, você deve fazer o processo inverso e ser humilde o suficiente para ser capaz de visualizar a interferência dos vários elementos na reestruturação da realidade, ou seja, o movimento das almas que ainda não despertaram, pois também têm um papel a realizar.

As almas que não estão despertas movem-se por instinto. Sentem a vibração na matriz da vida, como reverberações na água, e se movem de acordo, como um barco de papel flutuando sem qualquer autoconsciência ou direção própria.

O DESPERTAR: COMO TRANSFORMAR AS TREVAS EM LUZ E ASCENDER ÀS DIMENSÕES SUPERIORES DA EXISTÊNCIA

Apenas as almas que estão despertas são capazes de olhar para essas vibrações e agir de acordo, mesmo que agindo contra tais vibrações.

Isso é algo que muitos místicos não entenderam, pois os verdadeiros mágicos não sucumbem à estrutura da vida. Eles se movem de acordo, mas também criam suas próprias estruturas.

Capítulo 5 - O Mago Superior.

O maior mago de todos, afeta todo o planeta através de sua vontade.

Muitos diriam que isso não é possível, mas apenas porque estão pensando em magia como um processo material de ação. E possuí de fato uma componente material, a mais forte das quais na forma de guerras e dinheiro.

O dinheiro pode comprar qualquer alma na terra, pelo simples fato de que qualquer alma é movida pela vontade de comer e sobreviver.

Se você diminui a qualidade de vida, diminui, por padrão, o preço duma alma. Mas também torna essa alma fraca e vulnerável.

A mais barata das almas será encontrada entre as paredes do desespero e da fome.

As guerras combinam o poder destrutivo da vontade egoísta com o conhecimento da química, permitindo-nos eliminar muitos com o pressionar dum botão.

O pirata que acende seu canhão e afunda um barco com um tiro, sente-se tão divino quanto o piloto que atira mísseis contra um prédio, matando dezenas, senão centenas de pessoas. E o presidente que pode ordenar o uso da bomba atômica?

Muitos humanos assumem seu papel no processo competitivo pelo controle dos elementos que a vida lhes oferece, como se fossem meros animais acumulando recursos e alimentos.

Eles não podem ver a extensão da vida além de seu estômago ou do processo de reprodução.

Para muitas dessas mentes doentias, não há muita diferença entre ser um deus e um demônio, mas todo o ser que usa a força divina para destruir é de fato demoníaco, seja esta destruição lícita ou ilegal, aceita por muitos ou rejeitada por todos.

DAN DESMARQUES

Um crime aceito por muitos ainda é um crime. E a vontade de Deus não mudará por causa da vontade das massas.

Os seres humanos nunca serão capazes de transformar a escuridão em luz por conta própria. Eles só podem aceitar a verdade, mas nunca manipulá-la a ponto de formar sua própria verdade.

Esta verdade, se iluminada pela Luz Divina, é imortal e abrange todo o espaço, dentro de nós e fora de nós. Pois tudo o que existe é feito desta Luz.

Em comunhão com esta Alta Verdade, não temos dúvidas sobre qualquer verdade e podemos ganhar uma capacidade superior para confrontar essa mesma verdade, além de nossos próprios traumas e sofrimentos.

Aqueles que podem fazer isso, podem ver claramente:

- O sacerdote que mata seu rebanho é um demônio;

- O presidente que trai seu povo, ou usa sua posição para matar o povo de outra nação, é um demônio;

- O músico, pintor ou escritor, que usa sua arte para criar confusão, levar ao desespero e à frustração e fazer com que seus admiradores falhem, é um demônio.

Poderíamos então dizer que chamá-los de demônios é apenas uma metáfora?

Não exatamente! Pois o ego também dirige um poder próprio; um poder vindo das profundezas do inferno.

Aquele que é movido pelo ódio atrai aqueles que se manifestam na forma espiritual sob as mesmas energias.

Eles se atraem como grandes melhores amigos na vida. E quando o corpo de um permite que a alma de outro o complete, os dois se tornam um.

O mago é então alguém que domina as formas de vida inferiores e superiores, e é capaz de transmutar ambas, enquanto, no entanto, escolhe operar com as formas superiores. Ou seja, pode compreender e controlar o fluxo de dinheiro

O DESPERTAR: COMO TRANSFORMAR AS TREVAS EM LUZ E ASCENDER ÀS DIMENSÕES SUPERIORES DA EXISTÊNCIA

e violência, mas opta por ignorar tais estados para dedicar sua atenção ao processo criativo. Pois sabe que o tempo é limitado e o tempo consome o espaço de sua existência.

Esse espaço, se não for consumido pela Luz Divina, é uma perda de tempo.

É assim que o mago entende que tanto o espaço quanto o tempo estão interconectados no processo de transformação de si mesmo.

Seu tempo na Terra é limitado, mas seu poder não. Ele tem tanto tempo quanto sua própria vida, para consumir tanto espaço quanto possível para aquela mesma Luz.

Aquele que, por meio de sua arte, mudou o mundo, tem sido um bom servo da Grande Luz - A Fonte, ou Deus - e, ao fazê-lo, se tornou tão superior quanto qualquer deus, pois manifestou a Vontade Divina.

Capítulo 6 - Aqueles Que Podem Ver a Verdadeira Luz.

Somente aqueles que podem compreender as estruturas Divinas como representações da estética Divina podem estudar a arte como feiticeiros.

Esses feiticeiros, emergindo dos reinos da religião, cultos espirituais e arte, devem então ser responsáveis pelo caminho no qual a humanidade segue, em direção ao futuro, seu papel na ascensão global.

Por global, queremos dizer aqui não planetário, mas interplanetário, inter-cósmico, inter-vibracional e inter-dimensional; todos os quais devem se tornar um.

Se, por algum motivo, a ascensão se torna um retrocesso, quando a pobreza permeia a maior parte da Terra e a ignorância plaqueia a inteligência, a verdade é suprimida e escondida com a mentira.

O que podemos então dizer sobre verdade, luz e magia, quando o que é visto representa ignorância, doença mental, sofrimento e medo?

O normal e o anormal só podem ser diferenciados pela arte e prática do discernimento - qualidade que permeia a mente do fértil usuário das faculdades do desejo, entre as quais encontramos humildade, honestidade e tristeza, não por si mesmo, mas pela humanidade, como sendo os pré-requisitos mais relevantes.

Aquele que se encontra afundando no abismo de sua alma enquanto busca a Luz, inevitavelmente encontra Deus pelo único meio possível, quando a introspecção é vista como o caminho.

Muitos podem chamar este Deus de Lúcifer, mas Lúcifer é um enganador, e não um sedutor de almas perdidas ou um guardião dos fracos.

Lúcifer busca apenas iluminar as mãos de Satanás.

Estes são os idiotas úteis em posição de poder e influência social.

DAN DESMARQUES

Uma pessoa também pode ser atormentada pelo Diabo, mas apenas se sua vibração se transformar em uma masturbação de idéias, combinadas de forma psicótica.

Encontramos isso nos artistas que sabem pouco sobre o que dizem e expressam, porque seu prazer não se encontra na luz, mas nessa masturbação de pensamento, num empurrar para trás e para frente de ideias que não fazem sentido, como se se encantassem até o inferno.

Sempre que as massas acalentam ideias enraizadas em opiniões pessoais e egoístas, sem qualquer discernimento no que diz respeito ao bom senso ou mesmo à lógica, se divertem para a sua autodestruição.

O mesmo ocorre com aqueles que encontram prazeres semelhantes no álcool, psicotrópicos e uma variedade de drogas vegetais.

Você certamente pode preparar seu corpo para uma ascensão espiritual, mas o espírito que não está pronto, encontra-se invariavelmente caminhando para a insanidade. E uma mente insana não consegue encontrar a iluminação.

É por isso que a indústria da saúde mental busca destruir o potencial da humanidade para a iluminação, distorcendo verdades no que diz respeito ao uso da mente, e encontrando maneiras artificiais de controlar a mente.

Tal decadência leva o indivíduo para baixo, para um estado comparável ao dum animal.

É preciso transcender de um estado de animalidade, e doença mental, e também do desejo de atalhos por meio de drogas, se desejamos ascender a reinos mais elevados.

Isso é feito por meio de uma disciplina rígida, no que diz respeito à alimentação, caminhar, falar, pensar e meditar.

Você não medita porque deve, mas porque busca na meditação seu verdadeiro eu, com o qual você então age sobre o mundo - pois age com a luz desse verdadeiro eu. Pois até mesmo uma pequena faísca pode acender uma grande fogueira.

O DESPERTAR: COMO TRANSFORMAR AS TREVAS EM LUZ E ASCENDER ÀS DIMENSÕES SUPERIORES DA EXISTÊNCIA

Nesse fogo, você encontra seu verdadeiro eu, a realização de seu potencial. E é quando você vê isso, que você é iluminado, não como um meio de exceder seu verdadeiro eu, mas sim refletir sobre si mesmo o seu eu mais elevado.

Você e seu reflexo não são sempre os mesmos, mas devem procurar ser, pois todas as dimensões da existência e realidades paralelas se combinam em sua própria mente, para mostrar a você o espectro completo de suas muitas potencialidades em relação à existência.

Muitos podem pensar na existência como uma forma linear, mas é mais como uma estrela, que se estende em várias direções.

Cada direção é um caminho potencial. E ainda assim, a vida encurta sua existência, o suficiente para você experimentar um novo eu, mas não interferir muito no espectro da existência como um todo.

Só quem está ciente disso pode estender rapidamente sua própria existência e dar a impressão de que atravessou uma infinidade de reencarnações em uma única vida.

Capítulo 7 - As Trevas no Caminho da Luz.

Você pode encontrar um controle exercido pelas trevas, pois as trevas não desejam desaparecer sob o espectro da luz.

A escuridão revida controlando aquela luz. E ainda assim, escuridão e luz são uma só nas sombras que compartilham entre si.

O mundo em que vivemos foi sequestrado pelos poderes das trevas porque a escuridão odeia a luz e só pode sobreviver eliminando o espaço que a luz sempre permeia.

Pode-se pensar que a escuridão ocupa espaço, mas na verdade é a luz que ocupa.

A escuridão é apenas o reflexo de nossa incapacidade de ver a luz.

Quando alguém é cego, não diz que o mundo escureceu, mas sim que ele próprio deixou de ver.

Quando as luzes duma cidade se apagam, não se diz que a escuridão permeou todas as ruas e casas, mas sim que há falta de energia.

Da mesma forma, podemos não ver a luz em tudo o que é escuro, mas ela existe, no espaço e dentro de nosso espírito.

O que é então um corpo que foi ocupado por uma escuridão totalitária? Um ser perdido?

Não! É apenas um ser sombreando a luz, suprimindo-a, ocultando-a, bloqueando-a.

Na verdade, todos os seres dominados pelas trevas procuram eliminar a luz dos outros, da mesma forma, e pelos mesmos meios e estratégias, suprimindo sua alegria, confundindo seus objetivos, eliminando suas ambições, e ridicularizando suas defesas e tentativas de proteger esta mesma luz.

Eles o fazem, com medo de que a luz dos outros possa dissipar as trevas com as quais se identificam.

Eles se sentem mais confortáveis com sua dor conhecida do que com uma nova felicidade.

Essa luz está imersa em todos nós, mas não é vista quando as trevas ocupam o trono da mente daqueles que se permitiram ser como tais trevas.

Podemos então dizer que existe apenas uma escuridão?

Não! Existem muitos níveis e profundidades na escuridão. Mas porque a humanidade não entende a mecânica das trevas, dos poderes luciferianos e demoníacos, o sistema das trevas ou manifestação do inferno na terra não é compreendido também.

Aquele que mata, rouba, incendeia uma casa ou mente, todos manifestam escuridão de maneiras diferentes, e em diferentes níveis de destruição. No entanto, aquele que mata seus sonhos não é menos sombrio do que aquele que esfaqueia seu melhor amigo. Aquele que te persuade a cometer suicídio, não é menos sombrio do que aquele que te insulta cruelmente, com a intenção de matar sua auto-estima. Todos compartilham a mesma escuridão.

Existem diferentes níveis de preto e branco. A escuridão assume diferentes expressões, e o mesmo acontece com a luz.

A luz de uma vela é tão luz quanto a do sol, mas ambas são muito diferentes em poder e influência. Da mesma forma, você pode desfrutar da luz de uma vela, mas não pode compará-la com a luz do sol. E mesmo que a luz de uma criança seja mais pura, é a luz do adulto que pode realizar coisas no mundo físico.

A luz sem maturidade e o impulso para a ação é inútil.

Por isso, podemos dizer que a luz de uma vela é mais importante do que a luz do sol, apenas quando é preciso se esconder do sol, da escuridão que caminha sob o sol. Pois quando seus inimigos o perseguem durante o dia, é à noite que você pode se expressar.

É por isso que podemos dizer que a luz se manifesta na escuridão como a escuridão se manifesta na luz.

O DESPERTAR: COMO TRANSFORMAR AS TREVAS EM LUZ E ASCENDER ÀS DIMENSÕES SUPERIORES DA EXISTÊNCIA

Quando a maior parte do mundo está permeada por almas ignorantes, que buscam destruir os iluminados, a escuridão tem que assumir o poder perante a luz do sol.

Quando os iluminados precisam se expressar, e só podem fazê-lo durante a escuridão da noite, a Luz encontrou expressão somente nas trevas.

A luz e a escuridão são então relativas ao espaço em que estão presentes e assumem um poder relativo de acordo com suas circunstâncias.

Em última análise, assim como a escuridão busca obter poder sobre a quantidade máxima de luz, ou seja, a consciência das massas, e seus meios de alcançar mais consciência, como é o caso da política, tecnologia e educação, a luz busca ser em si, por não permitir que isso aconteça. E assim o faz, unindo-se à Luz Superior e se fortalecendo.

É aqui que encontramos os iluminados lutando ao lado da ciência, arte, negócios e até política.

Apenas um ser muito iluminado pode ser corajoso o suficiente para protestar contra os abusos das trevas sobre a luz, e expor as mentiras de tais entidades representativas.

Ele prefere morrer a ver sua própria luz suprimida.

Capítulo 8 - A importância do Amor na Luz.

Para controlar os espíritos do mundo físico, as forças das trevas devem corromper a mente dessas almas com uma sedução para o caminho das trevas.

O que pode então seduzir melhor as almas de luz para suas trevas?

O que uma vela pode desejar quando seu propósito, que é iluminar uma sala, é considerado desnecessário?

Assim como a vela deve perder sua luz antes de ser considerada desnecessária, os humanos devem ter seu espírito quebrado antes de decidirem se inferiorizar e se autodestruir.

Assim como a vela se torna inútil, quando não se transforma alquimicamente sob o calor e derrete, os humanos se tornam inúteis quando apegados à vida, quando se recusam a mudar e aceitar a morte.

Dito isso, não é o conceito de morte ou vida que muda seu significado, mas sim o significado atribuído a ambos que muda o conceito. Pois se você sabe que vai morrer, por que vive?

Se você sabe que vai esquecer, por que escolhe ler?

Se você sabe que tudo acaba, por que você ama?

Se sua existência será esquecida, por que você quer criar alguma coisa, existir e se preocupar com o que os outros pensam de você, sua própria reputação e suas ações?

Muito simplesmente, a morte não é o fim ou o motivo que impulsiona a vida. É apenas o fim de um ciclo.

Quanto tempo ou quão curto é esse ciclo, não é tão relevante quanto o que fazemos todos os dias. Mas se a maior parte do que fazemos provavelmente se perderá na memória do tempo, nossas experiências importam mais apenas em nossas interações.

Não são as rosas que mudam quem as cheira, mas sim quem escolhe cheirar as rosas que muda a si mesmo. As rosas estão simplesmente lá.

Da mesma maneira, a vida é apenas vida. Somos nós que lhe damos seu significado.

Quando optamos por buscar o melhor que a vida tem a oferecer, optamos por buscar suas melhores rosas.

A vida em si, não deve então ser considerada má, embora seja, em sua forma mais simples.

A vida é a estagnação da matéria, a recusa da matéria em se tornar como o ar. E como isso pode acontecer, exceto por meio de amnésia para o significado espiritual dentro de nós? Porque, você vê, só pode recusar uma verdade que ignora e rejeita.

É então que esta verdade, sendo como luz, torna-se velada pelas trevas.

A escuridão é então matéria, a busca do ego com a supressão da alma.

Isso ocorre quando a mente busca realizar-se.

É aqui que encontramos o maior e mais importante bloco para a evolução na Terra. Pois a humanidade não pode evoluir se ignorar sua própria necessidade de buscar um propósito de vida relacionado à felicidade.

Capítulo 9 - Como o Amor Move a Humanidade.

A obsessão que os humanos têm com sua própria mente, e em encontrar respostas em sua mente, é precisamente o que os mantém adormecidos na escuridão.

Sempre que você busca entender suas experiências com a mente, escolhe se aprisionar numa lógica autorrealizável, relacionada aos tempos em que você se encontrou e os valores de tais tempos, ao invés das verdades imortais que são oferecidas a você, como presentes da Luz para iluminá-lo.

Você pode alcançar a iluminação por meio de muitos caminhos, mas apenas se esses caminhos estiverem alinhados com a Vontade Divina emergindo de seu coração.

É aqui que suas energias, camufladas como emoções, se transformam e transmutam em estados superiores de ser, do ressentimento ao perdão, da rejeição à compreensão e da separação à união.

Como podemos amar, se não através da superação de nossos problemas? E como podemos enfrentar os problemas sem amor?

Ambos os estados se interconectam quando estamos ascendendo.

Não podemos amar uma pessoa perfeita. Cada pessoa é imperfeita. E amar é abraçar, embora não aceitar literalmente, essas imperfeições.

Abraçar significa aceitar os desafios como nossos. Pois se minha parceira fuma e eu não, é minha responsabilidade pressionar minha parceira a abandonar esse hábito, e não aceitar algo que seja prejudicial à sua saúde.

É natural querer que aqueles de quem gostamos sejam saudáveis. Não é natural aceitá-los com seus hábitos não naturais.

Da mesma forma, temos o direito de esperar que aquele que amamos também ame a si mesmo. Pois os dois estados - amor próprio e amor mútuo - são necessários para a progressão em direção à Luz num relacionamento.

Veja, você pode encontrar um milhão de explicações diferentes para o amor, e nenhuma delas representará a Luz, porque o amor é encontrado nas manifestações do coração, quando inspirado pelo espírito.

Você também pode encontrar um milhão de explicações diferentes para a compaixão e empatia ou o respeito, mas nenhuma representará a Verdade, se não estiver manifestando a verdade universal do espírito, que é claramente encontrada na vontade natural de tornar os outros tão bons quanto nós queremos ser.

Até que você tenha apagado seu ego, derretendo-o no desejo de ajudar os outros a realizarem seus próprios sonhos, não entenderá isso, não verá como a empatia o leva a esquecer de si mesmo e, então, ascender a um estado superior de ser.

Você pode aprender isso por meio de sua própria família, de seus próprios filhos e filhas, mas rapidamente se esquecerá quando manifestarem uma vontade independente da sua, pois é quando seu ego se sente atacado, separado e ferido.

Você pode pensar que têm um problema, mas suas ações, de natureza independente, estão meramente manifestando sua fraqueza - a vulnerabilidade de seu ego.

Muitas vezes encontramos isso no amor, porque sempre esperamos amar duma certa maneira e de acordo com certos princípios.

Esta é a maneira mais estúpida de amar alguém, mas também a mais comum.

Você não ama outra pessoa porque essa pessoa pensa como você, age como você e deseja o mesmo que você. Você ama porque sente prazer em ver essa pessoa feliz.

O como não é importante! Na verdade, assim que sente a necessidade de se explicar para a sociedade, decide caminhar para a escuridão; e pode perder esse amor também no processo.

O DESPERTAR: COMO TRANSFORMAR AS TREVAS EM LUZ E ASCENDER ÀS DIMENSÕES SUPERIORES DA EXISTÊNCIA

Muitas pessoas perdem seus relacionamentos por causa do que os outros "pensam". Mas não ama para aprender a pensar. Você pensa apesar de sua necessidade de amar.

Capítulo 10 - A Extensão da Vida.

É do conhecimento geral que os humanos, apesar de suas tecnologias, não podem lutar contra a morte. E quando os cientistas afirmam ser capazes de recuperar as memórias dum corpo, para então transferi-las para outro corpo, ou corpos, estão apenas se referindo à transferência de um registro de uma vida, mas não a alma dessa vida.

Isso seria um grande engano para aqueles que se recusam a aceitar a morte, mas é, no entanto, uma morte, e um engano.

Sempre que nos apegamos a nossos corpos e aparências, esquecemos que tais corpos são feitos de matéria, pertencem ao mundo físico, e permanecerão para trás, quando partirmos para outro reino de existência, onde apenas nosso corpo espiritual pode existir.

Tal reino é composto de vibrações duma natureza diferente, vibrações que não podem segurar nosso corpo físico. E é por isso que falamos dos mortos como aqueles que estão atrás do véu.

Agora, porque o véu é menos denso do que a matéria da terra física, esses espíritos podem fazer coisas que nós, os vivos, não podemos fazer.

Poderíamos, portanto, questionar quem está mais vivo, se nós ou aqueles que deixaram seus corpos. Porque eles podem ver mais e, portanto, seu nível de percepção e consciência é muito superior ao nosso. Eles podem ler nossa mente, podem se comunicar telepaticamente, podem se teletransportar para qualquer local e espaço e instantaneamente, podem ver quem eles querem e a qualquer momento, e podem sentir e comunicar seus sentimentos para nós.

A possibilidade de ver tudo o que estou falando é relativa de ambos os lados. Pois apenas os espíritos que estão cientes de sua espiritualidade, ou seja, de sua própria morte, e estado de espírito, serão capazes de usar suas faculdades de pensamento, que muitas vezes atribuímos à mente, mas na verdade são processadas primeiro pelo espírito, para aumentar a consciência sobre seu estado.

Por outro lado, apenas um ser que está vivo, mas ciente deste véu a que me refiro aqui, e pode usar suas faculdades mentais para se comunicar com os mortos, seria capaz de ver o que acabei de mencionar.

Certamente, é mais fácil nos comunicarmos com mais eficácia quando estamos lidando com alguém que foi próximo a nós em vida, e deseja se comunicar conosco na morte.

Uma das últimas pessoas que tentou se comunicar comigo dessa forma, foi um tio que faleceu recentemente.

Quando veio me visitar, para me ver, com sua curiosidade típica, imediatamente percebi o que se passava em sua mente espiritual, ou consciência, pois possuo a mesma capacidade de fazer o mesmo com os vivos.

Uma das coisas que achei interessante sobre seu estado de morte, foi que estava ao mesmo tempo feliz e triste por ter morrido. Ou talvez não exatamente isso, mas sim ter vivido uma vida inteira na ilusão.

Não sabia que eu era escritor. Eu nunca havia mencionado isso antes. E então, ficou muito surpreso com isso. Também viu que viajo muito, e isso o deixou orgulhoso. Ele agora estava viajando muito também e para onde quisesse ir, com um simples desejo mental. E aproveitou seu novo estado para ir a qualquer lugar e ver todas as cidades e países que queria ver. Estava animado com esse seu super poder.

Por outro lado, sentia um pesar terrível, que era o acúmulo de suposições que fizera durante a vida, e que estavam quase totalmente erradas. Se arrependeu das coisas que disse ao filho, da maneira como viveu e de ter mantido certas crenças por toda a vida. Viu que isso tinha sido um desperdício.

Isso me trouxe lágrimas aos olhos, quando o ouvi falar sobre esses arrependimentos. Tudo o que conseguiu repetir foi: "Eu não sabia".

Quantos de nós passamos a vida inteira com as crenças erradas?

O DESPERTAR: COMO TRANSFORMAR AS TREVAS EM LUZ E ASCENDER ÀS DIMENSÕES SUPERIORES DA EXISTÊNCIA

Veja, aquilo em que acreditamos molda nossas ações e nossas decisões. No entanto, muitas dessas crenças são baseadas em suposições, pressuposições, e não realmente fatos.

Quase não temos acesso aos fatos, porque não podemos cruzar paredes, e espionar todos que conhecemos, para ver exatamente quem são e o que fazem, quando não estão usando suas máscaras sociais.

Por outro lado, quão triste também é, quando experimentamos a liberdade somente depois de morrermos?

Ele ficou surpreso por eu estar experimentando o mesmo que ele, mas com meu próprio corpo.

Outra de suas maiores surpresas, foi perceber que não foi direto para o céu, como suas crenças católicas o levaram a supor. Em vez disso, estava se perguntando onde ficava o céu e por que não conseguia encontrá-lo.

O mais perto que poderia estar do céu, era segundo ele a Suíça, para onde costumava ir, quando não tentava falar com seu filho, que não acreditava verdadeiramente na vida após a morte, e não conseguia diferenciar se seus pensamentos estavam vindo de sua própria mente ou de seu pai.

Eu o ajudei a fazer essa diferenciação, quando disse a ele que seu pai não morreu de verdade, mas ainda o estava observando.

Infelizmente, porém, esse meu primo cometeu o mesmo erro de seu pai. Ainda estava se apegando ferozmente a muitas de suas crenças, e apesar do fato de que não o levavam a lugar nenhum, mas apenas mais depressão e frustração.

Capítulo 11 - O Livro da Verdade.

Muitas vezes esquecemos que viver mais também significa viver mais sob as mesmas crenças, rotinas e hábitos. Não faz sentido, a menos que estejamos evoluindo como seres espirituais.

Então, qual é realmente o significado da extensão da vida, se não entendemos a vida?

Veja, o escritor que cria um livro não é seu livro. Quando este escritor morre, e então renasce, como uma nova alma, ocupando um novo corpo, tempo e espaço, pode olhar para sua própria criação como uma forma de identificação, com a qual pode eventualmente recuperar valores perdidos durante a transição entre corpos, mas ele não é mais aquele escritor.

Ele era, mas agora é um novo indivíduo.

Esse livro, por outro lado, também não é o escritor, mas apenas um registro de suas percepções e existência. E assim, quem entende o livro não pode dizer que se tornou como o escritor, ou o escritor, ou um representante do escritor.

Ele é meramente, e apenas, e para sempre, um aluno do escritor.

O que foi escrito é um registro de crenças. Mas devemos sempre progredir além de nossas crenças, e enquanto fazemos o nosso melhor para estender a validade de tais crenças.

A maioria dos livros já escritos assume nada mais do que alguns anos de vida. Não possuem qualidade para transpor várias gerações. Mas poderiam esses escritores ter feito melhor?

Apenas se pudessem se desligar de seu ego e do senso de identificação com o trabalho.

DAN DESMARQUES

Veja, cada vez que olho para os meus livros, incluindo aqueles escritos apenas três anos atrás, não posso evitar de querer mudar tudo. Não porque o conteúdo esteja necessariamente errado, mas porque minha estrutura de pensamento se torna cada vez mais complexa e evoluída.

Existem muitas coisas que gostaria de ter dito de forma diferente. E ainda assim, naquele exato momento, não poderia ter feito melhor do que o que fiz.

Todos os dias somos melhores que ontem, mesmo que não coloquemos esforços nesse sentido, pelo simples facto de que acumulamos experiências e registos de diferentes emoções, ocupando nossa mente em diferentes momentos, diferentes memórias, que continuamos connosco, como formalização da nossa identidade.

Não podemos viver separados do mundo. Interagimos, no mínimo, com a pessoa no mercado, para nossas necessidades básicas de alimentação. E muitas coisas acontecem ao nosso redor, até do ponto de vista político, que sempre nos afetam, direta ou indiretamente.

A eleição democrática de Adolf Hitler, afetou muitas pessoas na Europa, por exemplo. E a formação da União Soviética, embora apoiada pelas massas do povo russo, provou ser um grande desastre a longo prazo.

Não podemos evitar ser afetados pelo tempo e pela história.

A história e o tempo passam por nós e nos mudam, até mesmo quando permanecemos passivos. E quem medita, não pode jamais escapar desta realidade, mas apenas estar mais presente no momento de aceitá-la.

Quando aceitamos esse fato, assumimos total responsabilidade por nossa própria consciência, mas embora percebamos que não podemos ser perfeitos, pois isso é uma ilusão. Só podemos fazer o nosso melhor com essa consciência, e esse é o significado de estar vivo.

Depois de morrer, você pode olhar para todas essas coisas de uma forma mais completa, mas realmente não pode mudar nada. Só pode olhar para seus erros, a maioria dos quais, como disse antes, enraizados em crenças que assumem validade apenas na mente, mas podem não corresponder à realidade, ou ao nosso melhor interesse dentro dessa realidade.

O DESPERTAR: COMO TRANSFORMAR AS TREVAS EM LUZ E ASCENDER ÀS DIMENSÕES SUPERIORES DA EXISTÊNCIA

Numa escala maior, temos essa ilusão sendo retratada por grupos religiosos. Pois o mesmo princípio se aplica a todas as religiões do planeta, que afirmam saber a verdade, mas estão apenas vislumbrando seus vislumbres, o brilho num fogo maior, que permanece obscuro para estas.

Quando alguém começa a aceitar seus próprios dogmas, suas certezas, é quando o fogo se esconde mais na escuridão e as faíscas se tornam cada vez menos.

A pessoa, então, sente como se o livro da verdade estivesse sendo escondido e, em desespero, preenche as lacunas de sua ignorância com mais certezas, mais crenças ligadas a percepções feitas por ela mesmo.

Ao longo dos séculos, o livro da verdade foi removido daqueles que o possuíam. E agora, as religiões do mundo sucumbem às trevas.

A arrogância e prepotência das massas de seguidores entre estas, as fez perder a verdade. E sempre que um mensageiro é enviado, para estar entre elas, para ajudar a redescobrir esta verdade, e o rejeitam, por causa de seus dogmas, sucumbem ainda mais fundo neste abismo de ignorância.

Este é o inferno bíblico. Não é um inferno de fogo e criaturas com chifres, mas um inferno de sofrimento espiritual, causado pela ignorância.

Capítulo 12 - Como o Orgulho Ilusório Corrompe a Alma.

Existem dois caminhos opostos sobre os quais se deve tomar uma decisão - em direção a uma materialização mais forte ou uma abordagem mais etérea da verdade.

Não podemos estar entre esses estados e não sentir as consequências de tal falta de decisão. Pelo caminho que se materializa, se constrói nosso impulso por prazeres corporais mais fortes, conforto e preguiça.

Facilmente sucumbimos aos prazeres da matéria e, ao fazer isso, negligenciamos as necessidades do corpo espiritual que possuímos.

O corpo espiritual, requer a disciplina e o controle do corpo físico, e até mesmo todo um novo conjunto de hábitos para promover uma ascensão espiritual, entre os quais encontramos a necessidade de evitar produtos químicos perigosos e alimentos processados.

Quanto mais natural e fresco for o que consumimos, mais pronto nosso corpo físico estará, para permitir a ascensão do corpo espiritual, e então processar todos os elementos que a consciência atrai, ou seja, as emoções e pensamentos dos outros, e independentemente de com alta ou baixa é a natureza de tais formas de energia, frequências e vibrações.

Você não pode fazer isso se estiver fraco, despreparado e confuso.

Aqueles que querem meditar, mas ficam bêbados nos fins de semana, ou não conseguem parar de comer carne, mas querem evitar a depressão, são tolos da pior espécie.

Eles são estúpidos porque não conseguem ver sua própria tolice. E como é triste, quando alguém se recusa a ver a mesma verdade que busca dentro de si, quando refletida na realidade fora de seu corpo físico.

Infelizmente, muitas pessoas estão neste estado, contradizendo-se ao longo da vida. Mas o maior erro de todos, é querer amar enquanto se critica a pessoa que queremos amar.

É como querer receber amor temendo a felicidade.

A razão pela qual as pessoas não conseguem ver além do óbvio, está geralmente associada a um tipo especial, mas comum, de cegueira, e na qual a venda consiste nas coisas que dizem a si mesmas, muitas das quais baseadas na ideia de que, se todos fizerem algo, isso o torna certo.

Esse pensamento grupal, alimenta o ego-mente, obcecado em estar certo, evitando estar errado, e assimilando sua posição por meio do pensamento grupal.

É aqui que as normas sociais e os preconceitos se moldam e são mantidos.

Quanto mais coercitivo e automanipulado é um grupo, menos provável que essas manifestações idiotas mudem.

Vemos isso predominantemente em nações onde as massas estiveram sob um regime tirânico por um longo período de tempo, embora isso seja mais predominante na Polônia do que na Alemanha.

Os alemães passaram além de seus erros na história, mas os poloneses esqueceram que o nazismo não é mais uma realidade. Eles querem desesperadamente voltar no tempo com seu ódio por estranhos.

É patético, mas muito real para essas pessoas. E é realmente fácil manipular politicamente uma nação, quando um povo é tão estúpido.

Também pensei que em grupos religiosos essa estupidez não fosse tão óbvia, mas é.

Não sei o que religião significa para o polonês, porque nunca vi tantas pessoas xenófobas e racistas antes em minha vida dentro de grupos religiosos.

É uma doença nesse nível! Os poloneses estão doentes! Seu ódio por outras nações é uma doença horrível, e deve ser tratado como tal.

O DESPERTAR: COMO TRANSFORMAR AS TREVAS EM LUZ E ASCENDER ÀS DIMENSÕES SUPERIORES DA EXISTÊNCIA

O mesmo posso dizer sobre os lituanos e outras nações bálticas.

Esses países não deveriam existir.

Qual é então o significado do orgulho nacional nos casos descritos?

Esse orgulho justifica apenas o seu extermínio da face da terra, e é isso que geralmente acontece quando uma cultura acumula muito carma ruim.

A prova disso, surge do fato de que as taxas de suicídio desses países, estão entre as mais altas do mundo e continuam aumentando.

Quando um povo é imbecil demais para mudar - sendo a xenofobia um dos sinais mais óbvios dessa imbecilidade - deve ser exterminado. E é exatamente isso que Deus faz.

Não sei como os poloneses podem se autodenominar católicos, levando-se em consideração que o verdadeiro Jesus não seria bem-vindo na Polônia. Eles deveriam ser satânicos! É mais adequado para eles!

Todo aquele ódio e arrogância delirante, sobre uma história com muito pouco significado, deve ser canalizado em vez disso, junto com seu senso delirante, ou orgulho e crenças esquizofrênicas, para a adoração de demônios, que serão capazes de encontrar olhando no espelho.

Capítulo 13 - Os Chifres de Satanás.

Sempre que alguém abraça a arrogância e a ignorância - as duas bandeiras dos estúpidos, e que comumente mostram com orgulho - é como se colocasse dois chifres na cabeça.

Com esses dois chifres, como um touro enraivecido, atacam aqueles que possuem a luz, pois são arrogantes, acreditando que detêm a verdade, e insultam aqueles que falam a verdade, porque são estúpidos.

A dança do toureiro então, se torna aqui uma metáfora para a habilidade argumentativa, sobre um touro formado a partir do homem que nunca deixará de agir como uma besta.

Sempre que os humanos abraçam os chifres da arrogância dogmática e da ignorância, se tornam como um touro louco, brutalizado por suas próprias suposições fortes.

Seus olhos mostrarão isso, à medida que ficarem cheios de loucura, como o touro que está cego pelo ódio, egoísmo baseado na sobrevivência e falta de discernimento.

Sua mente se enche de raiva, como um animal que busca a destruição como forma de parar sua loucura, e seu discernimento desce ao nada.

Eles acreditam e não acreditam ao mesmo tempo. São estúpidos com plena certeza de suas crenças delirantes.

Tudo o que essa brutalização de um humano pode fazer é odiar, fornicar e comer, pois se fez igual a um animal selvagem.

Muitos dos meios pelos quais o mundo é controlado, consistem em descer até as portas do inferno, em que se entra por sua própria vontade, ao desistir da autodisciplina e escolher o ódio ao invés do entendimento.

DAN DESMARQUES

A estupidificação das nações, feita por políticos extremamente corruptos, é o exemplo mais óbvio disso. Pois quando evitamos criticar uma cultura ou nação, para evitar conflitos e sermos rotulados como xenófobos, estamos na verdade permitindo que esses lugares se tornem um terreno fértil para grandes atos estúpidos, que afetarão outros territórios, e até mesmo todo o planeta.

Jamais devemos deixar de criticar culturas, nações e povos, porque evitar isso é permitir que um animal se alimente de seus próprios impulsos. E que desastre, quando esperamos que a besta não aja como uma besta.

A história nos mostrou, inúmeras vezes, que esperar antes de dar o primeiro soco nunca é uma opção, e ainda assim reclamamos do papel da Alemanha na 2ª Guerra, ou do impacto do Império Otomano sobre a Europa, sem considerar o que estiveram os europeus fazendo durante todo esse tempo.

Agora enfrentamos novas ameaças, à medida que a Polônia, uma nação fortemente influenciada por uma mentalidade nazista, cresce economicamente.

O mesmo está ocorrendo em outras nações pós-soviéticas que não evoluíram culturalmente, mas ficaram presas no tempo.

A Lituânia, por exemplo, é um dos países com mais idiotas por habitante, e ainda recebe bastante investimento de outras nações da União Europeia. Mas quando você dá dinheiro a nações que são cruéis por natureza, você alimenta uma besta. E quando a besta for forte o suficiente para devorar você, ela o fará.

Podemos olhar para a China como um exemplo. Um país que saiu da pobreza com a ajuda do mundo inteiro, e agora odeia esse mesmo mundo, e busca devorá-lo com o mesmo investimento que recebeu.

A China foi erguida das cinzas com o dinheiro que obteve, e agora usa esse mesmo investimento para manipular outras nações, corromper mais políticos, e buscar um controle mais profundo de todo o planeta.

Se o Partido Comunista Chinês não for eliminado, continuará a buscar mais controle sobre seu povo, muito além do que já vemos, e então usará essas pessoas para atacar outras nações.

O DESPERTAR: COMO TRANSFORMAR AS TREVAS EM LUZ E ASCENDER ÀS DIMENSÕES SUPERIORES DA EXISTÊNCIA

Muitas vezes me pergunto se os chineses são chineses, porque estão tão imersos em uma mentira, que morreriam por essa mentira para protegê-la.

Se a China começar uma guerra mundial, apenas as bombas atômicas sobre aquela nação a acabarão.

Quando uma nação não consegue se ver além das cinzas de onde emergiu, só pode ser reduzida a cinzas para se reconhecer novamente. Pois as cinzas fertilizam o solo daquilo que ainda não foi queimado, no caso, um conceito novo mas mais adequado do que significa ser chinês.

Sei que muitos chineses vão me odiar por dizer isso, mas realmente não me importo com o que os estúpidos dizem. Os verdadeiros chineses concordam comigo, e isso é tudo que importa.

Esses verdadeiros chineses estão espalhados por muitas nações, como Taiwan, Cingapura e Malásia. E é importante conhecer esses princípios, quando aplicados às nações, como os vemos sendo aplicados aos indivíduos, pois aquilo que não podemos parar fará de nós quem somos.

Somos mudados por aquilo que mais repetimos. E mudamos para um caminho ascendente ou descendente de acordo com o que toleramos.

Capítulo 14 - A Estrutura do Indivíduo Ascensionado.

Aqueles que vivem como animais selvagens, são os inimigos naturais dos humanos. Não podem conversar com compaixão, não podem ser argumentados com a razão, e não podem ser convencidos com amor.

Eles estão cegos por seus próprios demônios emocionais, e sempre dispostos a atacar com os chifres que orgulhosamente usam na cabeça - representações dum mundo de preconceito e falta de discernimento, ou arrogância e ignorância.

Podemos dizer que representam estados de vida inferiores, mas isso é como dizer que a formiga não pode ver tanto quanto o elefante, ou o tigre ainda não evoluiu tanto quanto o golfinho.

Com certeza, são possibilidades em nossas observações, mas não fazem absolutamente nenhum sentido, quando deseja evoluir para outros estados mentais superiores.

Você não pode simplesmente perder tempo nas segregações dos diferentes espectros do gráfico da reencarnação. Você precisa ir além disso, além das visões darwinianas ou acadêmicas sobre a vida. E muito simplesmente, porque neste mundo primitivo, nós, o coletivo, não evoluímos o suficiente para perceber os portais interdimensionais entre a vida, que as almas de todos os seres vivos cruzam, para se transmutar e evoluir, e se tornar mais do que eram.

Se você deseja transmutar esses mesmos portais, deve estar na morte como em vida - uma fluidez de energia, que pode se transformar fácil e constantemente.

Para fazer isso, deve-se cultivar a habilidade de discernir, ego da mente, espírito da alma, consciência da percepção, e luz da sombra.

- Ego é aquilo que emana de dentro do corpo - a vontade natural de viver e sobreviver, enquanto a mente é a operadora dessa vontade, que pode ser ligada e desligada, e mudar de perspectiva a qualquer momento, pelo uso de foco e concentração disciplinada.

- A falta de uso da mente, compõe então uma vida vivida por instinto, na qual o ego governa o corpo e a mente. E essa, infelizmente, é a realidade para a maioria dos seres humanos;

- O espírito é aquela força viva dentro de você, que cruzou incontáveis gerações, períodos históricos e muitos, verdadeiramente muitos, corpos, de homens e mulheres, animais e cristais, e tudo mais. É a força vital em você, que pode curar seu corpo, mudar sua mente, e mudar sua realidade. Sem o espírito, você simplesmente não existe como alma. Pois a alma é aquele estado a partir do qual o espírito encontra expressão.

- A alma é a sua identidade, como ser espiritual único. Alma é aquilo que manifesta sua consciência. É por meio da alma que encontra seu personagem, e forja sua personalidade no fogo da vida, por meio de desafios, dramas, conflitos e turbulências. A alma está constantemente sendo reconstruída e se reafirmando, entrando em conflito com o ego e contra o estado da humanidade. Sem a alma, você simplesmente não tem personalidade. Precisa da alma para unir o espírito à personalidade. É na alma que encontra sua própria identificação como ser espiritual eterno.

A alma canaliza a força viva do espírito.

- A alma ajuda você a parecer décadas mais jovem, mesmo quando seu corpo envelhece;

- a alma ajuda a canalizar a energia vital de seu corpo, para curá-lo das doenças mais devastadoras e cruéis;

- E a alma faz de você um ser humano inteligente e sábio.

É a alma, sua identidade espiritual do eu, que faz de você quem é. Sem esta, a personalidade nada mais é do que uma máscara frugal.

A consciência, além do que acabamos de dizer, não precisa de mais explicações, pois é o que você é, quando decide se tornar um com seu espírito.

O DESPERTAR: COMO TRANSFORMAR AS TREVAS EM LUZ E ASCENDER ÀS DIMENSÕES SUPERIORES DA EXISTÊNCIA

A consciência surge como o curador da mente, quando está sendo despertado para sua natureza imortal.

Quanto mais você percebe sua imortalidade, e como essa imortalidade se estende ao estado imortal dos outros, através do carma, e do estado de reação e ação com consequências, ou vida e morte, amor e compaixão, mais você vê que pode derreter seu ego no orgulho de fazer boas ações e ajudar os outros a ascender. E isso, a capacidade de ajudar os outros a ascender, é provavelmente, neste momento, um dos maiores estados que alguém pode aspirar a alcançar. Mas, ironicamente, não sucede como muitos pensam.

Um guru nunca terá tanto poder sobre a humanidade quanto um empresário. Porque pode alimentar o espírito, mas não quando o corpo precisa de nutrição.

Quem alimenta o corpo é sempre mais poderoso do que quem alimenta a alma.

Você não pode construir impérios de fome. E só pode construir impérios espirituais, e de compaixão, em cima de impérios de abundância.

A vontade de sobreviver sempre supera a necessidade de ser espiritual; E portanto, é sábio, se alguém deseja mudar o mundo, querer se tornar o mais rico possível, a fim de ser capaz de mudar a vida de muitos, primeiro financeiramente, e antes de mudá-la espiritualmente.

Na verdade, o mesmo se aplica no plano pessoal, pois quem não precisa trabalhar para ganhar dinheiro, tem mais tempo para ler a literatura espiritual e meditar.

Capítulo 15 - Sacrifícios do Estado de Espírito Superior.

Quando alguém deseja ascender a uma forma superior, deve primeiro se separar dos animais, que chama de irmãos e irmãs. Pois nenhum humano que deseja ascender à posição dos deuses pode fazê-lo, enquanto permanece apegado às formas que lhe são impostas por aqueles que só podem compreender o estrato inferior da existência.

É preciso afastar-se dos padrões mentais das massas e dos impulsos emocionais daqueles que ainda estão apegados à sua forma física, se desejar ascender a uma forma superior.

A razão é que, em última análise, se aqueles que o conheciam antes, não forem capazes de reconhecê-lo hoje, aqueles que o verão amanhã como um novo ser, não serão capazes de se apegar a essa nova ideia de eu, da mesma maneira que hoje se apegam a você.

Quantas pessoas você conhece que amariam todas as suas reencarnações por até 500 anos antes, como amam o seu eu atual? Porque é disso que estou falando quando falo da evolução.

A maioria das pessoas se preocupa muito com a morte porque realmente não querem evoluir. Querem persistir nas mesmas estruturas que têm hoje, os mesmos apegos e emoções. Querem sentir o que sentem agora, mas para sempre.

Isso é impossível, do ponto de vista espiritual, divino e da natureza.

Tudo o que vive, deve se transformar e perecer.

Deve-se então aprender a amar as transformações em vez dos apegos.

Para fazer isso, você deve amar as transições, mais do que o conforto de sua estabilidade.

- Você deve amar o processo de ganhar e perder dinheiro, uma casa ou um amante, mais do que amar os apegos.

- Você deve amar os movimentos e as transformações, mais do que ama as formas.

- Você deve amar as transições, mais do que ama as imagens.

- Você deve amar a descoberta do som, mais do que ama o som. Pois assim como um produtor musical não está apegado aos seus sons, mas sim à música, como forma criativa em constante transição, você não deve amar o que o prende, mas sim a transição entre os elementos na forma física.

A criação é sempre mais importante do que os elementos que a tornaram possível.

O espírito está na transformação e transição, e não na forma criativa.

A forma criativa é apenas um reflexo da criatividade no espírito que a tornou possível. Mas o espírito é a fonte da criatividade, e não a mente que a tornou possível.

Um artista, de qualquer campo, ascende a um estado de espírito superior, pelo mesmo princípio, ao se apaixonar, não por sua imagem social ou pelos reflexos de sua obra no mundo, mas pela fonte de onde tudo veio - aquela chama que acende nele a necessidade de produzir um fogo - a vontade e o desejo com os quais justifica sua existência.

Poderíamos então dizer que os humanos não têm vida própria?

Veja, o paradoxo da vida é que fica mais feliz quando abdica do seu ego, para cumprir a vontade de Deus.

Aqueles que o fazem com relutância, ou seguem outros caminhos, acabam voltando à Fonte mais cedo ou mais tarde.

O DESPERTAR: COMO TRANSFORMAR AS TREVAS EM LUZ E ASCENDER ÀS DIMENSÕES SUPERIORES DA EXISTÊNCIA

- Uma pessoa pode dizer que não ama a Igreja, mas a natureza, sem saber que Deus se encontra na natureza.

- Uma pessoa pode dizer que não ama dogmas, mas sabedoria e literatura, sem saber que Deus inspira o conhecimento.

- Uma pessoa pode dizer que não deseja seguir o caminho dos outros, mas o seu, sem saber que seu caminho eventualmente converge para o caminho de outros, e seu caminho não será encontrado a menos que seja através dos caminhos de outros que cruzarão seu caminho.

A consciência, então, não é uma ascensão para cima, como é para dentro, em direção à fonte. Mas essa fonte, quando nos referimos ao processo interno, não é egoísta, mas sim Divina, pois a fonte em nós é a mesma do Divino.

À medida que a pessoa habita mais profundamente, no abismo de sua própria alma, gradualmente encontra a Luz de Deus, que une todas as almas como uma.

Outros chamaram isso de subconsciente coletivo, mas o subconsciente coletivo ainda é um estado mental bastante superficial. Parece mais profundo apenas para aqueles que ainda não viram os efeitos da comunicação telepática dentro deles.

À medida que vai mais fundo, a comunicação das almas entre si, torna-se um processo natural, mas tanto quanto desnecessário, pois a maioria fala e pensa apenas bobagens.

Infelizmente, agora, no planeta Terra, seja você um cristão, um muçulmano, um budista, um hindu, ou seguidor de qualquer outra fé e religião ou congregação, não pode encontrar Deus na maioria. Você tem que ignorar essa mesma maioria, que está totalmente perdida, para encontrar Deus.

Então, ao fazer isso, saberá, da mesma forma que poderá ver aqueles que, como você, encontraram o mesmo.

Capítulo 16 - O Despertar Forçado.

Muitos podem parecer humanos, mas não são. Pois não ascenderam ao estado ideal de empatia e compaixão pela vida. E, por esta razão, deve-se também aprender a discernir além dos véus do mundo físico, a maioria dos quais foram criados por nosso eu anterior, para explicar coisas que nosso novo eu já entende.

As formas do mundo físico não devem significar nada para essa nova pessoa. Pois não ascenderá se colocar todos em um mesmo plano e de igualdade.

Deve ser capaz de ver além de seus próprios enganos e das tendências gerais de sua própria mente.

O maior engano do mal, então, é considerar e, através do véu da ética, forçar todos, como um rebanho de ovelhas, a aceitar a igualdade. Pois, ao fazer isso, desce a um estado de percepção inferior e a um senso de discernimento mais fraco sobre o mundo físico.

O processo de igualar a realidade assume muitas formas, comumente conhecidas como tendências e necessidades em nossa sociedade. Mas sempre que alguém deseja ser como os outros, por nenhuma outra razão do que obedecer à lei, e não querer ser diferenciado, pelo que veste, põe na boca ou na cabeça, o que come, ou os valores aos quais se opõe ou defende, está se permitindo ser feito ovelha, escravizado na plantação de animais. E, portanto, possuído também. Pois quando alguém abdica de sua própria identidade, para ser igual aos outros, está se permitindo ser possuído.

Aquilo que não tem consciência dominando a si mesmo, é como objeto, vulnerável à posse de outra consciência. Uma que, provavelmente, será motivada pela ganância.

A situação na Terra pode então ser comparada a uma transação parasitária entre presa e predador, pois ambos precisam um do outro.

DAN DESMARQUES

A presa precisa do predador para sobreviver, conseguir um emprego, se encaixar na sociedade, prosperar e competir por melhores salários, melhores condições de vida, e uma posição ou papel na sociedade. E os predadores precisam que suas presas acreditem que esse sistema é ideal para sobreviverem.

Ambos são ignorantes em seu caminho. E ao se aproximarem do Divino, verão que se enganaram neste processo igualitário, que os coloca exatamente onde deveriam estar.

Idealmente, o predador descobriria que sua sobrevivência estaria melhor posicionada num processo automático, extraído da própria natureza. E a presa encontraria uma maneira de ser autossuficiente.

À medida que mais e mais pessoas desejam ter seu próprio negócio, e se tornarem independentes, e mais proprietários de negócios mudam para energias alternativas, e a robotização do trabalho, estamos testemunhando uma transformação natural da sociedade numa forma de vida mais saudável.

Pode parecer à primeira vista que, ao eliminar o estado de presa daqueles que são usados, os predadores estão prestando um péssimo serviço à sociedade. Mas estão realmente liberando a humanidade de seu estado de inconsciência e ingenuidade, e forçando um despertar mundial.

As presas - até agora ignorantes de sua ignorância - são, neste momento, forçadas a aprender os novos valores do mundo espiritual manifestados na Terra ou morrer.

A separação da humanidade que estamos testemunhando em dois grupos vem exatamente desse despertar, que não é necessariamente místico por natureza, ou messiânico em sua apresentação, como muitos estudiosos da Bíblia acreditam, mas sim pragmático. Você agora ou aprende a viver sob novas regras ou morre.

Suas opções não são senão aquelas que a natureza lhe oferece de acordo com a evolução espiritual humana. E deve ser assim, do mesmo modo que a geometria duma flor é encontrada na geometria das órbitas dos planetas entre si.

Capítulo 17 - Por Que a Educação é uma Ilusão.

O processo de adquirir uma educação, como qualquer outro processo educativo, e de aprender com professores, que ensinam como qualquer outro professor, e então conseguir um emprego, que é como qualquer outro trabalho, não único mas necessário, é o processo de se integrar no rebanho de animais que as normas sociais representam. Pois essas normas se destinam a unificar dentro de um sistema, ao invés de promover a consciência individual.

Esses animais podem então reclamar que estão sendo tratados como animais, que não têm direitos suficientes, ou que seus benefícios não cobrem mais do que suas necessidades básicas, mas quando têm a oportunidade de serem livres, quando uma porta é esquecida e deixada aberta, não escapam.

Essas necessidades básicas, então, parecem melhorar com o tempo, mas apenas como meio de mantê-los do lado de dentro da prisão, mesmo que as portas existam apenas dentro de suas mentes.

É por isso que as pessoas ficam felizes ao receber bolo e frutas no trabalho, como um macaco num zoológico, e não percebem o quão irrelevantes essas ofertas são no grande contexto das coisas.

As empresas analisam sistematicamente novas maneiras de manter seus subordinados felizes e sem vontade de fugir, seja para a concorrência ou para uma maior consciência de si mesmos. E é incrível como uma fatia de bolo ou uma banana pode ser poderosa, mas em um mundo de cérebros de macaco, o suficiente para distrair de exigir um salário mais alto, ou identificar sua irrelevância dentro da política duma empresa.

Em muitos casos, entre a oportunidade de ser massacrado por um médico, com uma cura que é uma guilhotina disfarçada, ou tentar um processo novo e holístico de cura, esses mesmos cérebros de macaco optam por morrer.

Subconscientemente, sabem que estão indo para o matadouro, mas conscientemente, dizem a si mesmos que estão sendo uma boa ovelha, seguindo o sistema e fazendo o que lhes é dito para fazer, como se uma morte horrível fosse melhor do que uma vida vergonhosa.

A maioria das pessoas está mais disposta a morrer de terno, e ter uma pedra de mármore em um cemitério com a descrição de sua posição acadêmica na vida, do que passar uma existência inteira de felicidade em alguma ilha paradisíaca, onde ninguém se preocupa com quem são, ninguém lhes dá importância, e ninguém vai notar se estão vivos ou mortos.

As massas se apóiam nessa ilusão das outras ovelhas, que aprovam seu sofrimento e acompanham o indivíduo durante o processo de abate, como se isso lhes desse um alívio momentâneo. E porque não conseguem lidar com a verdade, chamam aqueles que recusam tal circo, de palhaços de verdade. Zombam e ridicularizam qualquer um que escapa do sistema.

Quanto mais estúpido alguém é, mais isso ocorre. Pois os estúpidos estão tão presos em seu estado arrogante, cheios de estupidez, que não podem mais enfrentar seu status.

Seus corpos são como cadáveres, estão tão podres de anos e anos, vivendo como mortos-vivos, que nem conseguem cheirar a carne podre de seus corpos.

Se você colocar um espelho na frente deles, eles gritam e explodem em uma fúria de tremenda agonia. E portanto, têm que atacar e insultar tudo o que é bom e puro, pois esse é o espelho.

Quanto melhor você for, mais se separará do rebanho.

Dizemos que esta é uma separação de ovelha e lobo, mas um lobo entre ovelhas que sofrem de demência, ovelhas meio mortas e meio vivas, ovelhas que não sabem se são ovelhas ou não, será comido vivo.

Aqueles que são insanos e não sabem que são insanos, não podem ser responsabilizados por suas ações, pois não sabem o que fazem. Eles estão mortos, pensando que estão vivos, apodrecendo, pensando que são bonitos, e insanos pensando que são sãos.

O DESPERTAR: COMO TRANSFORMAR AS TREVAS EM LUZ E ASCENDER ÀS DIMENSÕES SUPERIORES DA EXISTÊNCIA

Deve se afastar de tais seres, pois precisarão de muitos séculos antes que possam se arrepender e se curar.

É melhor ser águia num mundo assim, e voar acima das ilusões de muitos.

Alguns diriam que a civilização é um produto do avanço cultural, mas na verdade é apenas uma máscara forçada para muitos, para impedi-los de exercer sua verdadeira vontade e instinto, que se permitido, reverteria em violência e assassinato, como muitas vezes vemos naqueles que não se importam com essas máscaras.

Nós os chamamos de violentos e incivilizados, mas a única coisa que os diferencia dos demais é a falta de percepção dessa máscara como necessária. Muitos deles, foram invalidados e humilhados o suficiente para não se importarem mais com esse estado de espírito.

Isso é exatamente o que os torna perigosos - sua falta de medo -, seja como uma forma de coragem ou psicose. Pois ambos são encontrados nas prisões - os que não temiam as leis e os que, embora as temessem, tentavam estar acima delas. Tanto o anarquista quanto o criminoso são vítimas do mesmo desprezo pelas regras da sociedade que desejam mudar pela força.

Capítulo 18 - A Ascensão Através do Sofrimento.

Você já reparou que as pessoas gostam de ver outras sofrendo, quase morrendo ou sendo pobres?

Isso porque as faz sentir como se os problemas não estivessem nelas, mas nos outros.

É um jogo de engano, que muitos jogam consigo mesmos, para esquecer seu próprio sofrimento, e atrasar o ato consciente de autorreflexão. Pois quando alguém sofre, só pode parar esse sofrimento com um despertar.

Nenhum avanço no campo farmacêutico jamais será suficiente para eliminar tal necessidade. Pois quando alguém negligencia este sofrimento, morre. E é por isso que tantas drogas psicotrópicas matam. Mas isso não vão te dizer, e ninguém quer saber, pois a fuga do sofrimento se torna prioridade, mesmo que esse sofrimento seja obviamente causado por uma descida ao abismo da ignorância, enquanto ocorre uma brutalização da mente e da alma.

No lado oposto deste jogo, a ascensão a um plano superior de existência, é o mesmo que a aceitação da morte, e a aceitação de todos os ciclos da existência, a saber, o ciclo de transformação e recuperação.

Uma pessoa ascende, quando é capaz de aceitar e perder, quando é capaz de ser livre por meio do sacrifício da liberdade, ou compreende a liberdade por meio da resistência aos sacrifícios.

Chegamos então ao pior de todos os sacrifícios, e esse é o sacrifício da carne.

Este tipo de sacrifício se manifesta por meio de doenças e experiências de quase morte, nas quais a pessoa sofre a dor dum corpo em decomposição.

Este estado exige uma entrega final, em que a morte é freqüentemente o único caminho para a liberdade. Mas o que podemos dizer sobre os muitos que sofrem o carma de suas próprias ações autoinfligidas? Pois aquilo que se causa sem olhar as consequências, invariavelmente muda seu estado de espírito, tornando-o mais vulnerável a tais consequências.

- Se você bebe álcool, fica bêbado e depois dirige, é mais provável que morra;

- Se responder a uma discussão com uma faca na mão, aumentará a probabilidade de matar;

- Se alimenta pensamentos de ganância durante estados de pobreza, é mais provável que roube.

No entanto, em todas as circunstâncias como as apresentadas, você, e apenas você, é responsável pelo resultado. O resto dos elementos nessas realidades estavam lá apenas para mostrar isso.

Ao olhar para o passado, você verá esse estado se manifestando a qualquer momento.

- O ladrão não pode roubar o que não pode ver. Você teve que se tornar visível para ser roubado;

- O mentiroso não pode mentir para quem não confia nele. Você tinha que confiar em seus ouvidos para obter uma mentira;

- Aquele cujo coração foi destroçado, teve que amar a pessoa errada e, ao fazer isso, negligenciar sua própria necessidade de ser amado, para ser traído. Você tinha que se permitir ser abusado antes de ficar com o coração partido.

O DESPERTAR: COMO TRANSFORMAR AS TREVAS EM LUZ E ASCENDER ÀS DIMENSÕES SUPERIORES DA EXISTÊNCIA

Quando olha para tudo o que já ocorreu em sua vida, a partir desse estado de percepção - de sempre ter o poder de mudar qualquer resultado -, se liberta da culpa e da turbulência mental. E que libertação é, uma vez que percebe que é um deus de sua realidade, capaz de causar e alterar tudo o que ocorre, já ocorreu e sempre ocorrerá a você.

É disso que trata a consciência - ter a humildade de ver, e saber que é capaz e vulnerável a experimentar erros, mas poderoso o suficiente para superá-los, e criar uma nova realidade, totalmente diferente das anteriores.

Quando pode fazer isso, dizemos que se libertou da carne e ascendeu aos céus, pois se tornou um com o mundo espiritual que o rodeia.

Você então entende o significado de estar num estado de bem-aventurança, em completa unificação com toda a vida, desde o maior sofrimento até a maior das alegrias.

Se torna capaz de aceitar a derrota e a dor, por mais que seja corajoso o suficiente para realizar seus sonhos.

Esta é uma grande contradição?

- Não para os empresários que lutaram contra o ridículo, a humilhação e o desdém, enquanto criavam sua fortuna;

- Não para a mãe solteira, que encontrou uma nova vida, enquanto sofria o arrependimento de suas escolhas anteriores;

- Não para quem soube transformar sua derrota num novo caminho, para um novo tipo de vitória.

Os vikings de nosso passado conheciam bem esse princípio, pois preferiam cantar a se permitir sucumbir à depressão. E nenhuma tempestade foi forte o suficiente para detê-los em seu caminho em direção à riqueza que buscavam adquirir.

DAN DESMARQUES

Os bravos navegadores portugueses preferiam morrer no mar, a não viver para ter a oportunidade de ver o paraíso na terra, no Brasil ou nas Filipinas, ou na costa de África.

Para muitos prisioneiros de guerra no Império Romano, uma nova vida era sempre melhor do que uma morte rápida. Pois quando alguém não tem escolha, uma nova escolha precisa ser feita a partir de suas circunstâncias. E o amor nunca se perde, quando alguém tem o direito de amar novamente.

Muitos experimentaram os ciclos da vida, nas formas mais devastadoras imagináveis, e sobreviveram para contar sua história com um sorriso.

Capítulo 19 - As Crenças por Trás do Sofrimento Humano.

Muitas vezes, as doenças, emocionais e físicas, de que as pessoas sofrem, surgem de sua própria falta de autoconsciência, que se reflete então como ignorância sobre seus estados espirituais e mentais.

Elas desconsideram a necessidade de se adaptarem ao mundo ao seu redor, um mundo que está sempre mudando.

Na verdade, frequentemente negligenciam essas mudanças.

Desconhecem a velocidade com que a lua, o sol e as idéias do mundo físico fluem ao seu redor.

A maioria das pessoas também não está ciente de que todos os fluxos de energia são duais. E assim, por serem obcecadas demais com o ato de receber, desconsideram a possibilidade de que, assim como seus computadores e smartphones recebem o comando que lhes dão para mostrar filmes e música, elas próprias podem dar esses mesmos comandos para suas próprias mentes, e sintonizar-se com as frequências do mundo físico, o que lhes permitirá manifestar a realidade que desejam, por meio das pessoas que encontram e das oportunidades que surgem.

A maioria tem tanto medo de mudar, de amigos, de ambiente e de caminho na vida, de abandonar seu antigo eu e tudo que criaram, desde o lixo acumulado em seu quarto e casa, ao lixo que comem, que nem mesmo tentarão viver uma vida nova e completamente diferente.

Muitas vezes me perguntaram por que viajo tanto. Resposta: Porque posso!

A maioria das pessoas é estúpida demais para entender essa resposta.

O propósito de sua vida não é plantar seus pés no chão e fazer crescer azeitonas em suas mãos. Seu objetivo é mover, mudar, transformar e evoluir.

DAN DESMARQUES

Eu não posso nem chamar o que faço de viajar. Meu conceito de espaço é simplesmente diferente do de outras pessoas. Elas chamam isso de viagem, e eu chamo de atravessar a rua para o outro lado.

Na minha cabeça, não existem países, fronteiras, raças, ou novos mundos e realidades. Existe apenas uma vida.

Eu cruzei tantos planetas através de minhas muitas reencarnações, em diferentes corpos alienígenas, que ser humano me parece a forma mais patética de existência. E, no entanto, a Terra está cheia de frutas para saborear e oportunidades para desfrutar, e muitas mesmo, em comparação com as pequenas mentes de muitos que a habitam.

Na verdade, ser rico é o menos importante neste vasto oceano de riqueza em forma física.

- Quantas flores você já cheirou em sua vida?
- Quantas culturas diferentes você abraçou por meio de novas amizades?
- Quantas vezes se permitiu estar perdido, para encontrar algo que nunca pensou que encontraria?
- Quantas vezes se surpreendeu com coisas boas?
- Quantas vezes já se permitiu estar errado sobre as pessoas, ao se deixar ser traído por mil seres humanos, apenas para encontrar um, apenas um, que elevaria sua alma?
- Quantas vezes se forçou a amar e se machucar, apenas para encontrar o amor verdadeiro?
- Com que frequência cometerá erros, para corrigir suas decisões e encontrar a verdadeira felicidade?

Veja, a menos que mude sua ideia sobre tempo e espaço, não verá o que estou lhe dizendo. E ler sobre isso não mudará você.

O DESPERTAR: COMO TRANSFORMAR AS TREVAS EM LUZ E ASCENDER ÀS DIMENSÕES SUPERIORES DA EXISTÊNCIA

Nunca mudará tanto com o que aprende, como pode mudar com o que pode ver.

Capítulo 20 - Por Que Muitos Não Podem Mudar e Evoluir.

Muitas vezes, a maioria das pessoas não pode evoluir porque está presa num passado de tempo presente, de memórias que sequestraram a dor em seu corpo.

À medida que a dor no corpo se acumula, e depois se conecta com as memórias associadas na mente, os dois estados se interconectam para causar a maioria de nossas doenças e, então, interferir em nossos hábitos diários, ou mesmo, e mais importante, na maneira como percebemos a realidade.

Uma vez que se libertem dessas memórias, as partes de seu corpo que estão sofrendo, também se libertarão desse ciclo de dor e virologia, e, então, mudarão. Serão libertadas das doenças que seu próprio corpo produziu.

Além disso, aqueles que têm poucas lembranças de dores associadas ao corpo físico, tendem a parecer muito mais jovens do que sua real idade física.

São as pessoas que acumulam muita dor, arrependimento, ressentimento e ódio, em seu corpo e mente, que parecem muito mais velhas do que sua idade física.

As mulheres, por serem muito mais vulneráveis emocionalmente do que os homens, tendem a acumular mais ódio e com mais facilidade, ao entrar em vários relacionamentos durante os primeiros anos da juventude. Ao fazer isso, envelhecem mais rápido também por esse motivo.

É sábio para a mulher casar-se cedo, ou ter o mínimo de parceiros sexuais possível, se deseja manter a juventude naturalmente.

Obviamente, a grande mídia e os lobbies interessados no contrário, jamais compartilharão essas informações, pois existe um grande lucro em cosméticos e cirurgias plásticas feito do desconhecimento desse fato.

Sempre há mais lucro a ser obtido, e mais facilmente, com a ignorância das pessoas e, em particular, com a ignorância das mulheres. Porque as estatísticas já provaram que estão dispostas a gastar muito mais dinheiro do que os homens consigo mesmas.

Tudo na sociedade tende no sentido de colocar as mulheres num estado superior de independência em relação aos homens, devido a esse impulso do mercado de tirar proveito da solidão e do narcisismo das mulheres. É por isso que vemos ambas as tendências aumentando tão rápido.

Freqüentemente pensamos na pobreza como falta de dinheiro, e não como gasto de dinheiro. Mas as duas coisas estão relacionadas. É a relação entre as nossas necessidades e os resultados obtidos que define o nosso estilo de vida e condições.

Em nações mais pobres, por exemplo, as pessoas não podem comprar comida, não porque a comida seja muito cara, mas porque seu valor, como seres humanos, diminuiu de acordo com as leis nacionais de importação e exportação de produtividade.

Isso geralmente é feito propositalmente, a fim de reduzir o custo da mão de obra, para que as empresas possam aproveitar da situação.

Governos corruptos sempre beneficiam de tais situações, duma forma ou de outra.

Vários políticos portugueses, por exemplo, colocaram dinheiro no bolso quando venderam empresas estatais aos chineses, mas o povo era demasiado estúpido para protestar e preocupar-se com as consequências disso.

É uma massa de pessoas sem educação que acaba definindo seu destino.

Podemos então dizer que o conhecimento leva à riqueza, mas muito poucos podem ver isso.

Capítulo 21 - Os Padrões Mentais do Fracasso.

Já estive em muitas situações em que fui basicamente insultado por idiotas, por lhes dizer como funciona o dinheiro.

Muitas pessoas são estúpidas demais, até para o seu próprio bem.

Você não insulta um proprietário de empresas com o estilo de vida que deseja ter; Antes cala a boca e ouve. A menos que queira ser um idiota para sempre. Mas esse é o paradoxo do próprio idiota. Eles são demasiado ignorantes para ouvir. Estão realmente orgulhosos de sua imbecilidade. Acreditam que tal arrogância os levará a algum lugar.

Conforme envelhece, torna-se relativamente fácil ver para onde certos padrões de pensamento conduzem as pessoas, porque pode comparar os padrões mentais que nunca mudam nas pessoas que conhece há décadas com seus resultados.

Pode ver claramente a lacuna ou não, entre o que falam e o que conseguem. E como notará, a maioria das pessoas fala mais do que realmente faz.

A arrogância não leva ninguém a lugar nenhum.

Muitos confundem isso com confiança e auto-estima. Mas ser arrogante é muito diferente de ser orgulhoso.

Veja, pode se orgulhar de seus resultados. Isso é saudável. Mas ter orgulho sem resultados, é ser um narcisista delirante. E esse é o caso da grande maioria.

O estado mental necessário para evoluir deve envolver uma alta dose de humildade, pois esse é o terreno comum que fertiliza as ideias que levam ao sucesso.

Sem humildade, a mente é uma terra seca sob o sol do egocentrismo - muita vontade de mostrar, mas nada no horizonte para ser visto.

Por outro lado, outra coisa que achei fascinante foi notar que, as mentes mais superficiais, são atraídas por mentes igualmente superficiais, e não conseguem ver o que está por trás da natureza da vida.

Eles atraem o que procuram, mas não conseguem ver porque estão cegos por suas próprias ilusões auto-refletidas.

Aqueles que estão constantemente sonhando e desejando, mas falhando, estão presos em seus próprios dogmas e obsessões.

São incapazes de mudar, e ver além de suas próprias experiências, ou o que essas experiências lhes exigem.

Capítulo 22 - Os Mortos de Espírito.

Pobreza ou sacrifício, é comumente conhecido como um estado de falta de meios para se sustentar.

Em tempos antigos, isso significava não possuir uma terra para plantar alimentos e criar animais. Hoje, entendemos esse tipo de pobreza como falta de dinheiro.

A falta de dinheiro obedece às mesmas leis do mundo físico que qualquer outro elemento nele presente, pelo que podemos considerá-la um processo alquímico de transformação do chumbo em ouro.

Chumbo é o corpo físico, aquilo que destrói e é destruído pelo fogo.

A transmutação alquímica, então, transforma este em ouro. Mas como?

Diz-se que, quando as pessoas perseguem dinheiro, não o conseguem obter. Mas ignorar a necessidade de ter dinheiro também não é solução. Não podemos sobreviver ignorando nossas necessidades.

A atração do dinheiro vem de uma combinação de elementos:

- A madeira ou a realização de habilidades plantadas na mente, ou o conhecimento exaustivamente buscado ao longo dos anos, pois conhecemos hoje apenas o que decidimos buscar e aprender no passado;

- A água ou capacidade de racionalizar e aprender, através de uma transmutação de perspectivas, comumente conhecida como sabedoria, ou capacidade de adaptação a diferentes e novos pontos de vista;

- A terra ou ação para a materialização de um produto, formalmente entendida como pragmatismo;

- O fogo ou a própria ação que advém da determinação, muitas vezes tida como motivação, mas na verdade reservada à vontade de sobreviver como um ser humano melhor.

Entendemos então que é o homem que, através da aquisição de habilidades, informações e conhecimentos, se funde com o seu meio, e se torna o que este meio quer dele, que é capaz de se transformar em direção às suas realizações.

Quando o ambiente é muito pobre, entretanto, as oportunidades não são vistas. E os meios mais acessíveis são criminosos ou ilegais.

A restrição da lei é muito rígida quando o ambiente carece de uma abundância de elementos profundamente necessários.

A pessoa pode então estar mais predisposta ao crime ou ao sucesso, dependendo do tipo de ambiente em que foi criada. Mas isso não significa que não podemos mudar nossas circunstâncias. E, no entanto, também não podemos negar a realidade dos fatos, que quanto menos favoráveis são as nossas circunstâncias, mais força de vontade é necessária.

Em meio à abundância, as leis não são tão rígidas, porque existem mais oportunidades disponíveis. Os indivíduos de tal sociedade não precisam de leis, porque sua oportunidade é a lei.

Podemos então concluir que quanto mais criativa for uma sociedade, menos criminosa e antagônica ela será entre seus membros. E esse comportamento compassivo é encontrado precisamente na diversidade.

A diversidade então nos conduz à harmonia, enquanto a falta de diversidade leva a conflitos.

Podemos portanto dizer que os oligarcas que desejam uniformatizar a sociedade em seu próprio benefício, na verdade a estão destruindo?

Certamente! Eles fazem isso para maximizar seus lucros.

É por isso que o socialismo e o comunismo sempre levam a abusos de poder.

O DESPERTAR: COMO TRANSFORMAR AS TREVAS EM LUZ E ASCENDER ÀS DIMENSÕES SUPERIORES DA EXISTÊNCIA

Você não pode obter isso do capitalismo, porque capitalismo pressupõe a distribuição de poder de acordo com a vontade de prosperar.

Só pode maximizar seu lucro quando brutaliza as pessoas, e as equaliza dentro de seus instintos básicos, através do medo de perder e de ser diferente.

A solução final, seria substituir seu trabalho por robôs. Mas qual será então a identidade e o futuro de tal povo? Sem-teto!

Quando as pessoas exigem um emprego, estão exigindo uma oportunidade de voltar a um sistema que as excluiu. Mas por que querem isso? Porque foram treinadas durante toda a vida para pensar dessa forma.

As guerras que as pessoas lutam são as guerras que outros criaram para elas, e não as guerras que deveriam travar.

Na verdade, uma vez que as pessoas decidem se transformar, e apreender as oportunidades que surgem em seu caminho, não há guerra a ser travada com o exterior.

Quando isso acontece, a guerra se torna interna: medo do fracasso, medo da rejeição, medo da humilhação.

Então, o que as pessoas realmente temem?

Temem as mesmas coisas que desejam. Temem as oportunidades que procuram.

As pessoas querem oportunidades que não são realmente oportunidades, mas novos ciclos dentro dos ciclos anteriores. Desejam se reintegrar em um ciclo.

Isso é o que a imortalidade representa para muitos - a chance de viver para sempre sob o mesmo programa.

Isso é, na verdade, uma morte eterna. Porque quando você não muda diante de um mundo que muda, você está morto para o mundo.

Conforme o mundo evolui, surge a necessidade de novas atitudes, novos valores e novas habilidades. Aqueles que se treinaram para fazer parte dum velho mundo, são como fantasmas presos no tempo. São invisíveis para aqueles que estão muito ocupados criando este novo mundo.

Capítulo 23 - Os Humanos Despertos.

O novo humano não é um metal, um esqueleto, um barco ou um carro, mas um organismo que se representa em meio a outros organismos.

Sua identidade emerge das necessidades que esses mesmos organismos têm, e das quais dependem. Ele é o que o coletivo deseja se tornar.

A felicidade, então, não é algo que buscamos para nós mesmos, mas em detrimento de nós mesmos.

Ficamos felizes, quando sacrificamos nossa identidade, para nos fundirmos com o grupo e obter o reconhecimento de sucesso desse mesmo grupo. E, no entanto, o grupo nunca vai aprovar o que não consegue entender, e não vai entender o que transpõe seu sentido de identidade.

Assim sendo, é preciso ser rejeitado para ser amado, e odiado para encontrar admiração.

Isso é o que acontece com o artista, o empresário e qualquer outra pessoa que faça algo extraordinário para o mundo.

O resultado mais visível disso é o dinheiro. Ninguém é pago por aquilo que considera valioso, mas sim por aquilo que o grupo considera valioso.

É por isso que levamos cerca de 100 anos para perceber que permitimos que um gênio chamado Tesla, morresse miseravelmente e pobre em um quarto de hotel, enquanto o mundo abraçava um futuro de sistemas idiotas de energia.

Poderíamos ter tido um mundo muito diferente hoje, cerca de cinco mil anos mais avançado, se tivéssemos abraçado a tecnologia e sabedoria de Tesla. Mas isso não aconteceu. E quantos Teslas deixamos morrer em completa miséria? Muitos!

O mundo ridicularizou e humilhou muitos gênios, ao mesmo tempo que abraçou milhares de anos de estupidez e ignorância em massa.

O mundo que temos hoje não é um produto da tecnologia, mas o resultado da combinação do intelecto de muitos.

Se muitos são muito estúpidos, o mundo é simplesmente muito retardado, e a tecnologia muito ruim e ineficiente.

Se estendermos esses princípios a todo o planeta, vemos que a percepção de valor vem mudando com o tempo, mas está sempre associada à criação desse coletivo, de criaturas terrestres.

Aquilo que é criado e desejado, torna-se uma mercadoria, com um preço e um certo valor.

Muitas vezes, as coisas mais valiosas, são realmente difíceis de medir, como ações e ideias.

É também por serem difíceis de mensurar, que poucos desejam trilhar esses caminhos.

Quanto maior for o risco, maiores serão as recompensas. Mas muitos querem as recompensas sem riscos envolvidos. E é por isso que é preciso ter coragem o suficiente para ser rejeitado e enfrentar a solidão, se alguém realmente deseja mudar sua vida, além de seus sonhos mais audaciosos, ou mesmo mudar o mundo.

Capítulo 24 - A Importância da Fé.

De acordo com as leis da alquimia, podemos assumir que o valor mais alto surge do ar, ou aquilo que ainda não se viu - a crença alimentada pela fé.

Uma crença alimentada pela fé não é o mesmo que egoísmo delirante. Mas a falta de capacidade suficiente para discernir os dois estados mentais, é o que mantém muitos na ignorância, e também no fracasso.

Como tenho visto essas diferenças com bastante frequência, e em muitos continentes e culturas, posso descrevê-las claramente para você:

- Aquele que tem uma crença guiada pela fé, é movido pela vontade de ter sucesso financeiro, produzir algo de valor para a sociedade e melhorar o mundo;

- Aquele que está cego pelo egoísmo, é guiado pela necessidade de reconhecimento, deseja obter resultados com o mínimo esforço possível, e se preocupa não com o mundo, mas apenas consigo mesmo.

Para as massas, brutalizadas por suas próprias certezas, o que não se vê, costuma ser ridicularizado, risível, pois consideram uma estupidez tudo o que não faz parte de seu mundo.

Não sabem que são os estúpidos, não até que seu mundo entre em colapso para dar origem a um novo.

Quando isso acontece, porém, é tarde demais para eles. Nesse momento, perderam as muitas oportunidades de adaptação, oportunidades que outros, muito mais jovens do que eles, consideraram naturais.

Uma criança que nasce agora considera normal tudo o que é novo para as gerações mais velhas.

As gerações mais velhas, porém, sabem que o que é novo faz parte de um mundo de oportunidades.

Na verdade, as gerações mais velhas viram um número crescente de oportunidades surgindo e substituindo o mundo que antes consideravam estático.

Se viram perdidos, exceto quando sacrificaram suas crenças para se adaptarem.

Isso significa que nossa identidade deve ser sacrificada?

Não exatamente! Você possuí valores dentro de si mesmo, acumulados em muitas vidas, que nunca devem ser esquecidos, e estão registrados em sua alma.

A necessidade de amigos em quem você possa confiar, uma família que o faça se sentir amado e uma conta bancária que o faça se sentir próspero e alinhado com seus desejos, todas essas coisas são na verdade eternas. Mas obtém aquilo que produz, e esta é a causa raiz de tudo o mais.

Então, chegamos à conclusão de que carma é a lei da produção ou ação.

O que você faz, cria o que tem.

Vamos analisar este espectro de frutos de produção com cuidado:

- Você não pode criar amor, mas pode amar os outros e tratá-los com amor e, em troca, sentirá esse amor neles;

- Você não pode criar dinheiro, mas pode produzir bens, ideias, produtos e oferecer serviços com base em conhecimentos e habilidades acumuladas, que são trocados na forma de dinheiro ou outras mercadorias úteis, como casas, terras, ouro e outros metais, e assim em diante.

Esses dois exemplos mencionados, dependem da confiança. E como você pode inspirar confiança, se não possui os elementos que o tornam confiável? Não variam entre culturas ou períodos históricos. Sempre foram os mesmos: não mate, não roube, não seduza a esposa ou o marido de outrem, não traia suas próprias palavras, cumpra suas promessas, se comprometa com seus acordos, etc.

O DESPERTAR: COMO TRANSFORMAR AS TREVAS EM LUZ E ASCENDER ÀS DIMENSÕES SUPERIORES DA EXISTÊNCIA

Quem desrespeita os outros, acaba por se isolar, por não sacrificar a sua própria vontade, para cumprir seus acordos.

Podemos então dividir nosso potencial de sobrevivência em três elementos:

- Confiança ou grupo;
- Amor ou família;
- Dinheiro ou o valor que se pode oferecer à sociedade.

Essas três coisas estão integradas umas nas outras. Nenhuma é menos importante do que a outra.

- É difícil ganhar dinheiro, quando ninguém confia em você e não tem amor em sua vida;
- É difícil obter amor, quando ninguém confia em você e não tem dinheiro para sobreviver;
- É difícil obter confiança, quando não é amado e não tem dinheiro.

Certamente, muitos vão querer retratar um nível irreal de empatia, e fingir que isso não é verdade. Mas basta olhar para os sem-teto. Eles chegaram ao fundo.

Eles dificilmente podem sair de sua situação. E porquê?

Porque eles não têm dinheiro?

Não! Porque eles não têm amor e não têm confiança.

Eu explico. A sociedade, como um todo, desdenha mais os sem-teto. Há muita falta de compaixão na sociedade, mas o grupo da sociedade que é mais desprezado não são os criminosos, mas os sem-teto.

É mais fácil para um criminoso se reintegrar na sociedade, do que um sem-teto, porque o sem-teto obtém, no máximo, apenas pena, não amor. E sem amor, não tem a energia que o motiva a se levantar e trabalhar em prol de seus ideais.

Se não houver compaixão ou amor, a confiança não pode nem mesmo se manifestar. E é por isso que os sem-teto raramente têm a chance de conseguir um emprego.

Novamente, um criminoso tem mais chances disso, porque o criminoso tem pelo menos habilidades que podem ser úteis para outras pessoas.

O criminoso é visto como inteligente. O sem-teto é visto como inútil. E a sociedade prefere dar oportunidades aos inteligentes do que aos inúteis.

Portanto, novamente, vemos um potencial maior para que surjam mais sem-teto, do que para o crime aumentar, uma vez que a humanidade está em declínio. E o que os sem-teto podem fazer a não ser morrer de fome?

Essa fome não está relacionada à falta de recursos, mas sim à falta de compaixão.

Em nações onde a distância entre pobres e ricos é muito grande, como em África, isso se torna muito óbvio. O problema não é falta de dinheiro, mas falta de compaixão ou amor, e falta de confiança ou oportunidades.

Capítulo 25 - Autoconsciência e Autodesenvolvimento.

Tudo o que foi é um produto de sua imaginação, construído a partir das imagens que processou em sua mente, das coisas que viu e ouviu.

Foi assim que você decidiu se tornar quem é hoje. Pois se construiu a partir dessas memórias, sofrimentos, alegrias, aliados, inimigos, traumas repressões e momentos esquecidos. E, no entanto, quer mais do que isso, mas não sabe como, pois falta-lhe os elementos que podem ajudá-lo a ir além do estado atual.

É quando, ao fundir o desejo com as oportunidades, alguém entra na sua vida. E entre todas as pessoas que entrarão em sua vida, aquelas que ama e admira, aquelas que idolatra ou por quem tem atração sexual, fornecem as maiores lições.

- Quando se apaixona por um narcisista e ele o abandona, aprende sobre o respeito próprio;

- Quando fez sexo sem amor, entendeu o significado da falta de amor;

- Quando alguém que admirava entrou em sua vida, percebeu, pela primeira vez, que poderia ser como essa pessoa, se trabalhasse bastante para aprender com essa pessoa;

- E quando encontrou o companheiro que sempre quis, encontrou também um reflexo de seu verdadeiro eu.

Quanto menos nos aceitamos, menos aceitaremos alguém que reflita para nós o que não queremos ver em nós mesmos. Cada medo e cada sonho fundem-se em um relacionamento.

Pode ser uma relação que pretende criar uma família, de duas almas vivendo como uma, ou uma relação de negócios, de cabeças tentando imaginar e co-criar o melhor plano de negócios para o futuro.

A guerra também é uma forma de relacionamento, pois os soldados que não nutrem um senso de afiliação e companheirismo dentro de seu grupo, não podem ser unidos e têm maior probabilidade de morrer em combate.

Vemos então que o amor está presente do melhor para o pior cenário, e sem o qual, não podemos acumular uma fortuna, matar, sobreviver e criar as próximas gerações.

O amor é a própria essência da vida - permeia tudo e todos os seres, desde os estados mais baixos aos mais elevados de vida ou sobrevivência.

Você não pode amar, se não puder olhar para si mesmo, e ver tudo o que aprendeu a não amar ou simplesmente a temer. Pois o amor é o elemento que o cura dessas feridas, e faz a ponte entre sua alma e as oportunidades que busca adquirir.

Aprender a perdoar quem nos magoou, é aprender a compreender quem magoamos. As duas atitudes são igualmente importantes.

Portanto, se alguém deseja se curar de seu carma negativo, deve olhar para essas memórias. E pode não ser fácil olhar para trás para lembrar nossa culpa, por termos sido feridos, mas certamente podemos olhar para essa mesma culpa, por meio daqueles que escolhemos ferir. Muitos deles, inicialmente desejamos amar.

O que você disse a eles?

Escreva em um pedaço de papel e repita! Repita como um mantra, até sentir o porquê dentro de você.

O que fez com essa pessoa para magoá-la mais? Diga em voz alta e repita usando o nome dessa pessoa, até entender como essa ação foi estúpida.

Arrependa-se de suas más ações e apagará o sentimento de culpa que acumulou nas memórias traumáticas de sua infância. Porque, muitas vezes, o que está fazendo é dramatizar a mesma história e se tornando infeliz para sempre.

O DESPERTAR: COMO TRANSFORMAR AS TREVAS EM LUZ E ASCENDER ÀS DIMENSÕES SUPERIORES DA EXISTÊNCIA

Muitas pessoas estão presas em um ciclo, de hábitos, crenças e tendências auto-ilusórias, que mais tarde justificam com sua personalidade, como se essa personalidade misteriosa estivesse por trás do que realmente, consciente ou inconscientemente, decidem fazer.

A personalidade é maleável, mas tudo o que fazemos encontra correspondência com nossos desejos.

Na verdade, não há desculpa para o que fazemos, nem mesmo nas melhores explicações. Somos responsáveis pelas consequências de nossos atos e, por esse motivo, se desejamos aceitá-los e alterá-los, devemos também enfrentar e assumir a responsabilidade por tais ações.

É assim que a consciência aumenta e, em seguida, cura a mente de qualquer estado de neurose, depressão ou qualquer outra doença mental sintomática.

Ninguém pode se tornar mais do que sua própria mente, a menos que seja capaz de controlar essa mesma mente. E o processo começa com um olhar para fora de si mesmo e possuir aquilo que se vê fazendo.

- Se a mão que pega e soca é minha, sou eu quem pego e soco;

- Se a perna que chuta e pisa é minha, sou eu quem pisa e chuta;

- Se a mente que pensa e fala é minha, sou eu quem possui os pensamentos e a fala.

Nunca se desculpe por suas ações, mas pelas consequências de tais ações.

- Nunca tenha medo de se corrigir e corrigir o impacto de seus próprios atos;

- Nunca seja tão teimoso a ponto de não se esforçar para mudar a si mesmo.

Capítulo 26 - A Correlação Entre Crenças e Carma.

Só pode aprender valores com aqueles que demonstram tais valores. Valores que não são vistos são difíceis de entender.

Muitas vezes copiamos o que observamos, porque carecemos de exemplos que possamos copiar.

A televisão e os filmes, por exemplo, usam o modo de repetição para criar na mente das pessoas a ideia de que a realidade é aquilo que ouvem. E assim, acumulam os valores que veem no cinema, sem entender que esses valores foram impostos através dos filtros de sua mente consciente.

Sempre que aceitamos a falta de valor como um valor, estamos aceitando uma crença. Essa crença então determina nossos resultados.

Muitas vezes, não é o que fazemos, mas o que acreditamos, que determina o que acontece em nossa vida.

- Se uma pessoa acredita que dinheiro é ruim, mas trabalha duro, esse trabalho não resultará em riqueza;

- Se uma pessoa deseja encontrar o amor, mas acredita que as pessoas sempre traem, ela ou ele não encontrará o amor;

- Se uma pessoa deseja encontrar soluções para os problemas, mas acredita que existem apenas opiniões e não verdades, os problemas não levarão a soluções.

Muitas vezes, o maior problema dos ateus, por exemplo, é que querem acreditar que uma vida sem fé vale mais a pena, e é mais realista, e então se encontram se contradizendo, pela falta de fé, ao fazerem planos com sabedoria e não confiarem em seus próprios planos.

Os ateus que conheci na minha vida acabavam sucumbindo aos poderes que mais criticam.

A crença, e não a ação, é a mãe de todos os resultados. A ação sempre segue as crenças. Essas crenças são o que valorizamos.

Se houver uma contradição entre crenças e valores, andamos em círculos, e acreditaremos que não temos sorte.

Isso é o que ocorre com a maioria das pessoas. Muitas pessoas que encontro, por exemplo, pensam que tenho sorte. Sempre usam esta palavra: "Você é tão sortudo!"

Por que acham que tenho sorte? Porque ão acreditam no trabalho. Acham que meus livros vêm do ar.

Quando estou trabalhando, pensam que não tenho sorte. Não associam trabalho com sorte. Porque em seu 'mundo mental', o trabalho é uma forma de escravidão, e não uma porta para a liberdade.

Isso está relacionado às suas crenças. Como não acreditam no trabalho como porta para a liberdade, também tendem a acreditar que, quem se tornou livre pelo trabalho, fez algo ilegal.

A televisão e o cinema também implantam essa ideia nas massas, para que nunca tentem escapar do cíclo de vida que possuem.

As massas são bombardeadas com crenças em todos os tempos, para permanecerem presas na mesma escravidão.

Essa escravidão, no entanto, está apenas dentro de sua mente. Mas a mente cria sua natureza.

Quando se libertar, aqueles que pensam diferente de você, pensarão que é louco, porque não sabem que estão escravizados, escravizados por suas próprias crenças. Porque a melhor maneira de fazer um prisioneiro pensar que é livre, é fazê-lo acreditar que suas crenças pertencem a ele.

Se uma pessoa pensa que é sua própria vontade ser como é, não tentará mudar. Porque não há nada a se opor a não ser ele mesmo.

O DESPERTAR: COMO TRANSFORMAR AS TREVAS EM LUZ E ASCENDER ÀS DIMENSÕES SUPERIORES DA EXISTÊNCIA

Quando as pessoas o atacam por pensar livremente, estão na verdade se atacando por não serem capazes de fazer o mesmo. Tudo o que acontece é um espelho de próprio ser. Mas aquilo em que as pessoas acreditam, cria seu carma.

Quando os europeus foram informados de que os nazistas os estavam matando, não acreditaram e o processo continuou. Mas aqueles que entenderam a verdade, fugiram para a América do Norte e outras nações e sobreviveram. Isso é carma!

Quando ofereço a verdade a uma pessoa que confia em uma mentira, essa pessoa está decidindo seu carma. Não posso mais interferir.

Quando uma mulher escolhe um homem com base em seu corpo e em seu carro, e depois é espancada e abusada, ela não é uma vítima daquele homem, tanto quanto é vítima de seu próprio carma - suas crenças.

Se eu entrar num grupo de pessoas e elas pensarem que sou estúpido, não aprenderão comigo. Esse é o seu próprio carma.

Se eu escolher perder meu tempo com os ignorantes, então estou criando um carma ruim para mim.

Minhas crenças e minhas ações devem estar alinhadas. Essa é a única maneira de meus resultados me levarem aonde quero estar. E isso é bom carma.

Então, você vê, sempre que alinha suas ações com mais responsabilidade, você está, literalmente, melhorando a natureza de seu próprio carma.

Capítulo 27 - As Consequências da Ignorância.

A ignorância e a capacidade de ver estão interligadas com o ego, pois aqueles que desejam roubar com os olhos aquilo que não podem compreender com o coração, estão cheios de ódio por um mundo que não podem compreender.

O mundo continua escondendo de seus olhos o que procuram, porque sua alma está podre.

Como alguém permite que sua alma morra, apodreça, e depois contamine o corpo?

As pessoas fazem isso naturalmente, por conta própria, ao eliminar a vontade de saber mais sobre a vida e o espírito.

- Aceitam sua condição de escravos na ordem da sociedade, criada para eles desde o nascimento.

- Desistem de buscar respostas e soluções para seus diversos problemas, por motivos diversos.

- Aceitam a morte, a doença, a decepção e as traições, como uma sequência natural e causa da vida. E assim, acreditam que sofrer é aprender a viver.

Eles então consideram que os mais fortes, são brutalizados na força e na ignorância.

Eles veneram o ateísmo, o ódio e a inteligência na forma de competição e rivalidade, e consideram este o estado ideal de um ser humano.

Esquecem sua imbecilidade por meio de seus hábitos, e do que chamam de amigos. E, ao fazer isso, mentem para si mesmos ao longo da vida.

A vida então se torna uma luta constante para esquecer. Em que lutam adquirindo dinheiro para satisfazer prazeres básicos, como comida e diversos vícios ou mesmo drogas.

A grande maioria da população está desligada de Deus e da Fonte Divina de Vida, e é por isso que podemos dizer que a Terra é um planeta prisão. Os humanos aceitaram ser estúpidos e ignorantes sobre o significado da vida.

Isso certamente não se aplica a todos na Terra. Mas os poucos que rejeitam esse estado e, ao fazê-lo, agem naturalmente de acordo com seus desejos espirituais e a vontade de ser livre, são freqüentemente ridicularizados, rejeitados, humilhados e discriminados pelos demais.

Então vemos que ser iluminado e consciente se torna um estigma, algo de que se envergonhar. E, como se não bastasse, o isolamento e o desespero levam tais almas a horas solitárias de depressão, ou mesmo a contemplar o próprio suicídio.

A resposta a esta perseguição feita sobre eles pelos mortos-vivos do mundo, não tem outra solução senão a fé e a persistência, nos valores morais mas eternos da alma, em si mesmos e em Deus, como a Luz que guia o seu caminho.

Esse Deus se manifesta não apenas pelos céus, mas também pelos livros, pelos que falam em público, e pelas mensagens imprevisíveis que recebem de estranhos aonde quer que vão. E é assim que, passo a passo, vão adquirindo o caminho para uma vida melhor e um resultado mais adequado.

"Busque e encontrará a verdade", disse Jesus, porque de fato, Deus abençoa aqueles que abençoam Seu nome, agindo com justiça e moral ao longo de sua vida.

Uma Luz Sagrada é tornada visível para aqueles que não podiam vê-la e escondida daqueles que podiam vê-la, mas não a mereciam.

Nenhuma vontade consciente está separada da Divina Orientação Moral do Senhor, seu Deus. Ele opera por meio das leis da natureza e por meio de cada átomo de seu corpo. Pois você é feito de luz, a mesma Luz de Deus.

O DESPERTAR: COMO TRANSFORMAR AS TREVAS EM LUZ E ASCENDER ÀS DIMENSÕES SUPERIORES DA EXISTÊNCIA

É por isso que podemos dizer que você e Deus são um, e o mesmo corpo de energia. Tudo está interconectado e nada está dissociado.

Não pode separar um de todos, porque você é um e o todo.

Você é uma centelha na chama de Deus, embora não seja Deus, mas guiado pela mesma luz. E você também é uma das muitas centelhas neste mesmo fogo, pois não é os outros, mas um elemento da mesma Fonte.

Pedido de Revisão.

Caro leitor,

Obrigado por adquirir este livro!

Adoraria saber sua opinião.

Escrever uma resenha de livro ajuda a compreender os leitores, e também tem um impacto nas decisões de compra de outros leitores. Sua opinião importa!

Por favor, escreva sua análise ao livro! Sua gentileza é muito apreciada!

Livros Escritos Pelo Autor.

• 66 Days to Change Your Life: 12 Steps to Effortlessly Remove Mental Blocks, Reprogram Your Brain and Become a Money Magnet (Disponível em Português)

• A New Way of Being: How to Rewire Your Brain and Take Control of Your Life

• Codex Illuminatus: Quotes & Sayings of Dan Desmarques (Disponível em Português)

• Collective Consciousness: How to Transcend Mass Consciousness and Become One With the Universe (Disponível em Português)

• Deception: When Everything You Know about God is Wrong

• Find Your Flow: Find Your Flow: How to Get Wisdom and Knowledge from God (Disponível em Português)

• Holistic Psychology: 77 Secrets about the Mind That They Don't Want You to Know

- How to Change the World: The Path of Global Ascension Through Consciousness

- Religious Leadership: The 8 Rules Behind Successful Congregations

- Spiritual Warfare: What You Need to Know About Overcoming Adversity (Disponível em Português)

- Technocracy: The New World Order of the Illuminati and The Battle Between Good and Evil

- The 10 Laws of Transmutation: The Multidimensional Power of Your Subconscious Mind

- The 14 Karmic Laws of Love: How to Develop a Healthy and Conscious Relationship With Your Soulmate

- The Secret Beliefs of The Illuminati: The Complete Truth About Manifesting Money Using The Law of Attraction That Is Being Hidden From You

- The Antichrist: The Grand Plan of Total Global Enslavement Holistic

- The Awakening: How to Turn Darkness Into Light and Ascend to Higher Dimensions of Existence (Disponível em Português)

- The Evil Within: The Spiritual Battle in Your Mind

- The Hidden Language of God: How to Find a Balance Between Freedom and Responsibility

- The Secret Empire: The Hidden Truth Behind the Power Elite and the Knights of the New World Order

- The Secret Science of the Soul: How to Transcend Common Sense and Get What You Really Want From Life

- The Spiritual Mechanics of Love: Secrets They Don't Want You to Know about Understanding and Processing Emotions

O DESPERTAR: COMO TRANSFORMAR AS TREVAS EM LUZ E ASCENDER ÀS DIMENSÕES SUPERIORES DA EXISTÊNCIA

• Your Full Potential: How to Overcome Fear and Solve Any Problem

• Your Soul Purpose: Reincarnation and the Spectrum of Consciousness in Human Evolution (Disponível em Português)

• Uncommon: Transcending the Lies of the Mental Health Industry

www.ingramcontent.com/pod-product-compliance
Lightning Source LLC
Chambersburg PA
CBHW071905070526
44583CB00016B/1847